Sich einmischen kann tödlich enden, sich raushalten ebenfalls. Nicht mehr und nicht weniger erfahren die Frauen in diesem Buch. Von *Einmischerinnen* also wird erzählt.

Von der Mantelnäherin Agnes Wabnitz, die öffentlich gegen die Ausbeutung von Frauen auftritt. Das trägt ihr eine Verleumdungsklage des Kaisers ein. Haftanstalt, Zwangsernährung und Irrenanstalt sind die Folge. Der Freitod im selbstgenähten Totenhemd auf öffentlichem Platz ist ihr letzter nachhaltiger Protest (1890). Die Biographie Margarete Hildebrandts, Hebamme, gibt Einblick in das Elend von Frauen, ausgelöst durch Arbeitslosigkeit. Abtreibungen, Kindstötungen, Selbstmorde sind der Alltag dieser Frau, die für das Leben arbeiten und leben wollte (1920). Auguste Sarah Loewenthal gerät in eine Gesetzesfalle, welche die Nazis speziell für Juden aufgestellt haben. Man beschuldigt sie der Prostitution, sie behauptet standhaft ihre Unschuld. Die Polizei droht, sie in ein Konzentrationslager einzuweisen, wenn sie nicht gesteht. Sie beugt sich. Mit List, wie sie glaubt. Die Falle schnappt dennoch zu (1938). Oda Schottmüller, Tänzerin und Bildhauerin, stirbt an der Einmischung. Sie stellt ihre Wohnung der Widerstandsgruppe »Rote Kapelle« zur Verfügung. 38 Jahre ist Oda S., als man sie zum Schafott führt (1943). Kurz vor ihrem letzten, dem ewigen Gelübde reist die Ordensschwester Maria Magdalena aus der BRD in die DDR, um Abschied von der Welt zu nehmen. So schreibt es die Ordensregel vor. Auf dieser Reise verliebt sie sich, wird schwanger und legt trotz großer Gewissenskonflikte ihr Ordenskleid ab (1956). Das letzte Porträt zeigt eine junge Frau, verheiratet, Kinder, Direktorin in einem von Männern dominierten Beruf. Ihre Biographie ist Aushängeschild für die Entwicklung der gesellschaftlichen Rolle der Frau im Sozialismus (DDR). Welche privaten Schwierigkeiten sich hinter dieser – in den Medien hochgelobten – Karriere verstecken, konnte damals nicht öffentlich gemacht werden (1985).

Von der Kaiserzeit bis zur Gegenwart: Leise, eindringlich und mit entschiedener Sympathie für die Porträtierten zeichnet Anne Dessau Frauenschicksale in unserem Jahrhundert auf.

Anne Dessau, Jahrgang 1934, Buchhändlerin, Schauspielerin, Journalistin, freie Schriftstellerin seit 25 Jahren, lebt in Berlin. Sie schreibt Hörspiele, Drehbücher (18 realisierte Filme), Prosa. Zuletzt veröffentlichte sie: ›Weisheit des Sommers‹ und ›Engel mit einem Flügel‹.

Anne Dessau

Spurensuche

Sechs Biographien
ungewöhnlicher Frauen

Fischer
Taschenbuch
Verlag

Die Frau in der Gesellschaft
Herausgegeben von Ingeborg Mues

Dieses Buch entstand mit Hilfe
des Förderprogrammes Frauenforschung
des Senats von Berlin

Originalausgabe
Veröffentlicht im Fischer Taschenbuch Verlag GmbH,
Frankfurt am Main, September 1996

Gedruckt auf chlor- und säurefreiem Papier

Inhalt

Biographien ungewöhnlicher Frauen werden erzählt.

Ihre Lebenszeichen waren auch Zeitzeichen.

Ihr Leben und Arbeiten hat Zeitgeschichte mitbestimmt.

Geschichten von Frauen, die nur am Rande der Geschichtsschreibung vermerkt sind und die trotzdem für Turbulenzen sorgten, sind hier beschrieben.

Denn auch oder gerade die Außenseiter der Gesellschaft können den Verlauf von Historie beeinflussen.

Und es wird von Frauen die Rede sein, die den Mechanismen der Macht ausgeliefert waren, die wehrlos und ungehört vernichtet wurden.

Frauenschicksale von der Kaiserzeit bis zur Gegenwart, hundert Jahre Geschichte, von 1890–1990, sollen sinnlich erfahrbar gemacht werden durch Lebensbilder von Frauen, deren Lebenswege außergewöhnlich waren.

Berlin, im April 1996
Anne Dessau

Die Selbstmörderin

Ich habe gegen Politiker in langen Kleidern,
weiblichen und priesterlichen,
immer Mißtrauen gehegt.

Bismarck

Eine große, hagere Frau, das streng gekämmte Haar zu einem Dutt gedreht, geht mit entschlossenen weiten Schritten durch die Straßen. Auffällig ihre Augen. Lichtblau und strahlend. Befremdlich ihre Kleidung. Verwundert verharren Passanten, schauen der Vorübergehenden nach. Agnes Wabnitz trägt ein Totenkleid. Ein langes Hemd aus gebleichtem Leinen, nur wenig verdeckt von einem schwarzen Schultertuch. In der Hand, mit der sie das Tuch über der Brust zusammenhält, verbirgt sie ein braunes Fläschchen, in der anderen hält sie eine Postkarte, auf der zu lesen steht: »Liebe Frau Mesch, ich ruhe im Friedrichshain, nahe dem Krankenhaus, auf unserem Freiheitsacker. Mit Gruß Ihre Agnes W.«

Zielstrebig geht Agnes jetzt auf einen Briefkasten zu, steckt die Postkarte hinein, zögert einen Moment, als warte sie auf das Geräusch, welches ihr den ordnungsgemäßen Fall der Karte bestätigen wird. Dann geht sie unbeirrt weiter. Ihr Gesicht ist ohne Aufregung. Sieht man genau hin, kann man ein geheimes Leuchten, ein Lächeln wahrnehmen. So seltsam wirkt Agnes in Aufzug und Ausdruck, daß Kinder, die auf dem Bürgersteig hüpfen oder Murmeln spielen, zur Seite weichen, verstummen.

Unaufhaltsam strebt Agnes ihrem Ziel entgegen. Sie durchquert den Park im Friedrichshain. Die Sonne lacht. Jungvögel proben ihren ersten Flug, Amseln locken zärtlich ihre Jungen. Ohne aufzusehen, ohne in die qualvollen Erinnerungen einzutauchen, die für sie mit diesem Ort hier im Friedrichshain verbunden sind, passiert sie die Gebäude, geht hin zum Hain der Märzgefallenen, Grabstätte der Revolutionäre von 1848.

Agnes tritt hinter einen Grabstein, legt ihr Umschlagtuch ab, breitet es sorgfältig auf dem Boden aus. Sie öffnet das mitgeführte Fläschchen, trinkt. Röchelnd stürzt, fällt Agnes gegen den Stein, umklammert ihn im Todeskampf, sinkt zu Boden.

So geschah es im Jahre 1894. Das ist über einhundert Jahre her. Wie es dazu kam, was und wer Agnes Wabnitz dazu gebracht hat, aus dem Leben zu gehen, davon erzählen die folgenden Seiten.

Freunde und Feinde, Genossen und Gegner werden von Agnes berichten, über Agnes richten. Jede Person, der hier das Wort erteilt wird, teilt ihre ANSICHT über Agnes mit, zeichnet mit am Bild der Wabnitz.

Polizeiakten, Gerichtsberichte, Zeitungsnotizen, Gesetze und Kernsätze von Kaiser und Kanzler des Deutschen Reiches sollen dies Bild ergänzen.

Versucht wird, der wahren Geschichte der Mantelnäherin Agnes Wabnitz nahe zu kommen. Sie lebte und arbeitete Ausgang des vorigen Jahrhunderts in Berlin, den Wohnort wechselnd zwischen Prenzlauer Berg und Friedrichshain. Nichts an diesem Lebensverlauf ist frei erfunden. Alle schrecklichen Tatsachen werden belegt, alle Einzelheiten – so unwahrscheinlich sie einem vorkommen mögen – sind nachweisbar. Lediglich deren Verknüpfung ist die Arbeit der Autorin. Das Material hierzu, der Faden, ist aus Fakten gesponnen.

Aussage von Frau Mesch, Freundin von Agnes,
vor dem Kommissar der politischen Polizei

Es war Mord, Herr Kommissar. Sie haben sie umgebracht, das schaffen Sie nicht aus der Welt, dafür sorge ich. Natürlich meine ich nicht SIE persönlich. So dumm bin ich nicht. Ihre sogenannten SCHUTZMÄNNER, die haben unsere Agnes so weit gebracht. Die haben sie fertiggemacht mit ihren Haussuchungen, Spitzeleien, Verleumdungen und gerichtlichen Anklagen, die an den Haaren herbeigezogen waren. Da konnte sie nicht mehr. Aus. Von wegen Selbstmord! Das war Mord, und dabei bleibe ich. Ich bin jetzt aufgeregt, zugegeben. Wen wundert das. Hat Ihnen der Briefträger schon mal eine Postkarte gebracht, auf der Ihre beste Freundin Ihnen schreibt, daß sie auf dem Friedhof liegt? Ich bin so schnell gerannt, wie meine Füße mich wegtragen konnten. Sogar die Schürze habe ich noch um. Als diese Karte kam, worauf die schreckliche Nachricht stand, da bin ich losgestürzt. Der Poststempel ist vom heutigen Tag. Vielleicht, dachte ich und rannte, vielleicht rettest du sie noch. »Agnes, Liebe, ich komme, wir finden eine Lösung. Agnes, nur das nicht! Leben sollst du, Agnes, du mußt leben, wir brauchen dich.« So ging das in mir um, während ich lief und lief. Immerhin mußte ich erst über die Prenzlauer, dann die ganze Immanuel-Kirch-Straße entlang, über die Greifswalder rüber und weiter, immer weiter durch den Park, an dessen äußerem Ende die im März 48 gefallenen Soldaten bestattet wurden. Als ich ankam, war es zu spät. Da lag sie. Hinter einem Grabstein. Feierlich und hoffnungslos still lag sie da. – Zur Sache? Ich bin bei der Sache, Herr Kommissar. Von mir aus, bitte, meine Personalien. Wer ich bin?! Wäre die Stunde nicht so traurig, ich müßte lachen. Und denken Sie nicht, daß ich mich durch Ihre Tricks von meinem Vorsatz abbringen lasse. Ich werde hinausschreien, ja, schreien, was Sie hier vertuschen wollen. Also gut, ich bin Frau Mesch, Mariechen Mesch. Heimarbeiterin. Näherin. TRAMPELTIER. Achtzehn Stunden trample ich pro Tag für einen Wochenlohn von sieben Mark. Nur manchmal werden es zwei Mark mehr. Wohnhaft Rykestraße 27. Und da ich – auf meine Veranlassung übrigens – vor die politische Polizei gebracht wurde, will ich gleich sagen, daß ich mich hier genau am richtigen Ort fühle. Ich bin Sprecherin für die sozialdemokratische Frauenbewegung und, wie ich weiß, dem Amte wohlbekannt. Mein Mann, der Hans, ist Steinmetz, wie Sie sehr wohl wissen, und Sozialdemokrat dazu. Wir halten es mit Adolf Glaßbrenner, der sagt:

> »Über den Parteien, in der Luft, steht niemand.
> Zwischen den Kämpfen lauft ihr Narren umher,
> sichere Opfer der Schlacht.«

Nun können Sie mich wegen Beleidigung drankriegen, von wegen NARREN und so, aber den Mund mußten wir lange genug halten. Zwölf Jahre Sozialistengesetz! Sie sind vorbei, und wir sind in dieser Zeit nicht faul gewesen. Jetzt reden wir. Also, von wegen SELBSTMÖRDERIN. Nee, so nich. Das möchten Sie gerne. Schnell weg mit der Toten in den Eisschrank von der Leichenhalle, und später wird sie dann sang- und klanglos auf dem Friedhof für Selbstmörder verscharrt? Nee. Da wird nichts draus. Streichen Sie in Ihrem Protokoll

SELBSTMORD und SELBSTMÖRDERIN, und reiten Sie nicht immer auf dem Befund des Gerichtsarztes herum, der geschrieben hat TOD DURCH VERGIFTEN. Wenn es auch stimmt, trotzdem erhebe ich Einspruch. Unsere Agnes hat ein letztes Mal ihre Stimme, ihre uns allen von vielen öffentlichen Reden her so vertraute Stimme erhoben, und das ist mir heilig. Tonlos diesmal, aber um so mächtiger und nachhaltiger wird ihr Aufruf wirken. Und Sie, Herr politischer Kommissar, mit dem irreführenden Namen Schneeweiß, wollen mir weismachen, Sie wüßten nichts von den Gründen, die unsere Agnes in den Tod getrieben haben? Die Berichte Ihrer Spitzel haben doch die Anklage gegen Agnes zusammengebracht!?

Sie haben doch dafür gesorgt, daß Agnes wieder vor Gericht gestellt worden ist, daß sie – trotz all der schrecklichen, brutalen Martern, denen sie ausgesetzt worden war, wieder geladen wurde, ihre Strafe abzusitzen. Kommt Ihnen das Datum dieses sogenannten Selbstmordes nicht bekannt vor? Es ist exakt der Tag, an dem sich Agnes stellen sollte, um im Frauengefängnis die über sie zu Unrecht verhängte Strafe abzusitzen. Zehn Monate! Von denen sie bereits sieben zwangsweise im Irrenhaus verbracht hat, den Rest in Untersuchungshaft. Das alles zählte für den Unrechtsstaat nicht. Sie sollte erneut, im vollen Umfang noch einmal und ORDNUNGSGEMÄSS in einem Kittchen ihre Strafe absitzen, nachdem es Ihnen nicht gelungen war, das Entmündigungsverfahren gegen diese unbescholtene Person, diese glühende Kämpferin für die Ärmsten der Armen, durchzubringen. Sie haben Agnes jahrelang bespitzeln und beschatten lassen. Warum nicht an diesem Tag?! Oder doch?! Vielleicht haben Ihre Männer ja zugesehen, wie Agnes ihren Opfergang angetreten hat? Ja, werfen Sie mich raus, Sie können mich auch festsetzen. Der Rechtsbeistand unserer Partei wird den Beweis antreten, daß Agnes in den Tod getrieben wurde. Verbieten Sie mir nur das Wort, ich habe gesagt, was nötig war. Von nun an soll unser Anwalt sprechen.

Original aus der Acta

Das Reichsgericht entschied über die Rechtsbeständigkeit des Urteils. Es erkannte auf Verwerfung der Revision. Hiermit wird Fräulein Agnes Wabnitz aufgefordert, am 28. 8. 1894 in das Weibergefängnis Barnimstraße zu kommen, um die Haft anzutreten.

Original aus der Acta

Auszug aus dem Tagesrapport des 51. Reviers vom 28. zum
29. August 1894: Selbstmord durch Vergiften

Am 28. d. Mts., nachmittags 4¾ Uhr, wurde auf dem Kirchhofe der Märzgefallenen im Friedrichshain die Leiche der Agitatorin Agnes Wabnitz, am 16. 12. 1848 zu Gleiwitz geboren, Bartelstraße wohnhaft, aufgefunden und mittels Leichenwagen nach dem Schauhause geschafft. Dr. von Foller, Landsbergerstr. 1 / 2, constatierte den Tod infolge Vergiftung. Ein am Tatort aufgefundenes Fläschchen enthielt noch einen Rest Zuckersäure. Selbstmord ist unzweifelhaft. Motiv war nach Angabe einer Frau Mesch, Rykestraße 27, Furcht vor Verhaftung zwecks Verbüßung einer zehnmonatlichen Gefängnisstrafe. Depesche an Alle zur Ermittlung ev. Angehöriger ist gegeben. Berichte an Abtlg. IV und Königliche Staatsanwaltschaft sind eingereicht.

*Bericht des Schutzmannes Göttlich
vor dem Kommissar der politischen Polizei*

Herr Kommissar, Sie kenn mir lange jenuch. Ick mach nu schon mehr als zwanzich Jahre Dienst in dieset Revier, wo es kein leichtet is mit die Leute, wie Sie wissen. Wir also, die Nummer 2947 und meine Wenigkeit, observieren det vorjeschriebene Terreng, also: wir machen unse Runde an den gravierenden Unruheherden von unses Revier. Dazu jehört vorzüchlich der Park in Friedrichshain. Unauffällijet Zusammenrotten von unliebsame Elemente als da sint:

Stadtstreicher, Arbeitslose und det janze Sozialistenjesindel. Na, Sie wissen schon, Herr Kommissar. Wie wir nu jehn und kucken so dahin un dorthin, komm mir ooch an die Jräber vorbei von die Märzstänkerer. Und Fromm, was der Schutzmann Nr. 2947 is, sacht ebent zu mir, der sacht det jedetmal an die Stelle, daß in einem Jrab eener liecht, den sein Vater kannte. Der hat in eine Straße je-wohnt mit ihm un war eijentlich 'n stiller juter Mann. Arbeiter, kein Alkohol un nischt, aber Polletik. Mischte sich ein, damals 1848, als die Arbeiter zurückschossen jejen Kaisers Truppen und es zum Aufschtand kam. Jut. Zur Sache. Justament hinter dem sein Stein liecht eene Jestalt. Regungslos. Wir näher ran. Ohne Berührung, vasteht sich, kucken wir se uns an. Ein Weib. »Prototyp einer unter den Entbehrungen und der Arbeitslast zusammengebrochenen weiblichen Existenz« steht in mein Bericht, könn Se nachlesen, Herr Kommissar. Klartext: klapprije, dürre Jestalt, Dutt un janz irre Augen. Die verfolgen uns überall hin. Einmalig jruselich, sahre ick Ihnen. Wat se anhatte? Na, det war besonders denkwürdig. 'n Hemd wie Tote kriejen, wenn se un werden von de Bestattung feinjemacht. Neben ihr: braunet Fläschken. Stöpsel un Pulle. Sie, die Tote, strömte starken Mandeljeruch aus. Typisch Blausäure. Schutzmann Fromm sagt eben: »Selbstmord durch Vergiften.« Ick sahre: »Ein-wandfrei«, da kam diese junge fesche Person, die Frau Mesch, dem Amte wohlbekannt, anjerannt. Wie 'ne Wilde, Haare uffjelöst, und schreit immer: »Agnes, Agnes! Lebste noch, Agnes?!« Stürzt sich über den Leichnam und befummelt sie überall, ob noch Leben drin is in der ärgerlichen Person. Nun staunten wir ja nich schlecht über das Weib und fragten sie in aller Strenge, wer sie is, woher sie kommt und wieso jerade jetzt un hierher und ob sie die Tote kannte und sofort. Aber die kam aus dem Lamentieren nich heraus. Schüt-telte erst mich, dann Fromm und sacht doch, Sie werden es nich jlauben, Herr Kommissar, sacht det Weib doch, die Nr. 2947 und ich hätten die liebe Dame umjebracht! Nu wars Töppchen randvoll, un ick sachte ihr: »Jute Frau«, sachte ick, »nu muß ick amtlich wer-den!« Die hört aber nich. Als wären wir Luft für sie. Klabastert egal an dem toten Mensch herum, streicht ihr die Haare aus'm Jesicht, legt das Kleid in Falten un murmelt dazu vor sich hin. Wenn Sie mich fragen, Herr Kommissar, die Besagte jehört nach Dalldorf, in die Verrückten-Anstalt. So jedenfalls hat sie sich aufgeführt. »Mord« schrie sie wieder und wieder. »Mord!« Na, und da wir ja so was erst mal ernst nehmen müssen, haben wir vorsorchlich verfücht, den Leichnam einzubehalten, zur Obduktion in der Pathologie. Nu fing se erst recht an zu schrein, daß sie un würde allet ihre Jenossen sahren, un es wäre eine POLITISCHE PROVOKATION!, ehmt 'ne Herausforderung, wenn die Leiche heimlich verscharrt würde. Da meinte ich dann, Herr Kommissar, die Sache geht die politische Abteilung an. Schließlich, Herr Schneeweiß, kenn ich mir aus mit die Sorte pullitische Damen. Oft jenuch muß ick in denen ihre Versammlungen aushalten. Lesen Se mal meine Protokolle die Observierung der Dame Wabnitz betreffend. Lesen Sie. Von wejen MORD. Das is 'ne Fanatische. Die schreckt vor nischt zurück! Lächerlich hat se mir machen wollen. Lächerlich! In aller Öffentlichkeit!

Protokoll einer Versammlung der Näherinnen.
Hauptrednerin: Wabnitz, Agnes, Mantelnäherin

Liebe Freundinnen, liebe Genossinnen, geliebte Trampeltiere! (Heiterkeit) Wir Frauen sind geborene Redner. (Heiterkeit) Diese Gabe, die uns die Natur verliehen hat, darf nicht verkümmern im häuslichen Klatsch. (Heiterkeit) Wir arbeiten, wir zahlen Steuern, also verlangen wir auch die Rechte von Arbeitern und Steuerzahlern. (Heiterkeit und Beifall) Denn es ist erwiesen, daß wir Frauen zur Erhaltung des Staates notwendig sind, eben wegen unserer Arbeitskraft und unserer Groschen, das Kinderkriegen nicht zu vergessen. (Heiterkeit)
An der Saaltür sehe ich die Herren Schutzmänner Fromm und Göttlich heftig schreiben. Willkommene Gäste zu allen unseren Treffen. (Heiterkeit) Verewigen Sie nur meine zornigen Worte in Ihren Notizbüchern, verbreiten Sie Ihre groteske Wahrheit. Wahrscheinlich wird wieder an Majestätsbeleidigung grenzen, was ich hier vorgetragen habe. (Stürmische Heiterkeit) Es gibt Leute, liebe Freundinnen, die glauben im Ernst, Schutzmann Göttlich ist mein Liebhaber, da er auf Schritt und Tritt mein Schatten ist. Sogar nachts steht er vor

17

dem Haus und schaut zu meinen Fenstern auf, auch überwacht er eifersüchtig, wer bei mir ein- und ausgeht. Ob er dabei Seufzer hören läßt, ist nicht überliefert. (Stürmische Heiterkeit) In unserem Alltag haben wir es ununterbrochen mit politischen Maßnahmen zu tun. Die Politik aber ist uns verboten. Das Gesetz verbietet Frauen, Kindern und Lehrlingen – man merke, wie man uns unter die Unmündigen einreiht! – jede Beteiligung an politischen Versammlungen. Wir müssen uns aber mit Politik beschäftigen. In unserem eigenen Interesse. Ich will euch nicht mit schwierigen Bandwurmsätzen langweilen, wie das zuweilen unsere verehrte Genossin Zetkin in der ›Gleichheit‹ tut. (Heiterkeit) Ich will euch Beispiele erzählen, Geschichten, die belegen, wie not es tut, daß wir uns einmischen.

Eine Tabakarbeiterin aus der Gegend um Frankfurt erzählte mir, daß sie – wie wir alle – zwischen sieben und zwölf Mark pro Woche verdient. Auch das wissen wir alle: Es ist zu wenig. Aber, Frauen, jetzt kommt der Punkt, hört gut zu: Wenn eine Frau oder ein Mädchen während der Arbeitszeit lacht, werden dort pro Lachen fünfzig Pfennige vom Lohn abgezogen! Lacht sie also mehrmals in der Woche, hat sie sich buchstäblich totgelacht. (Empörung im Saal)

Ein anderes Beispiel: Die Einfuhrzölle für Petroleum sollen erhöht werden. Dafür dient die phantastische Begründung, daß Petroleum Luxus sei! Ich sage aber, und ihr werdet zustimmen: »Petroleum ist das Salz der Näherinnen!« Wir müssen auch des Nachts arbeiten und so früh am Morgen, daß es noch dunkel ist. Der Mond wird auch nicht täglich rausgehängt. (Heiterkeit) Da wir erst mit 70 Jahren durch eine geringe Altersversicherung unterstützt werden, frage ich euch: Wie groß muß ein Nadelöhr sein, in das eine siebzigjährige Frau noch den Faden fädeln könnte? Die Größe eines Scheunentores dürfte angemessen sein. (Heiterkeit) Also, liebe Frauen, Heimarbeiterinnen, Mantelnäherinnen, es ist hohe Zeit, daß wir jede Art von Gesetzesentwürfen in Frauenversammlungen öffentlich diskutieren, damit wir begreifen lernen, was sie mit uns vorhaben, und rechtzeitig unseren Protest anmelden können. Es ist eure Hauptpflicht, an solchen Veranstaltungen teilzunehmen, dafür zu werben und eure Freundinnen und Nachbarinnen, wenn sie die Notwendigkeit politischer Bildung noch nicht eingesehen haben, mit einem Schutzmannsgriff zu packen und mitzubringen. (Heiterkeit) Wieder und wieder sage ich euch: Es geht um gleiche Rechte und Pflichten, gleichen Lohn für gleiche Arbeit. Abschaffung sämtlicher Kinderarbeit und nicht nur für die Kinder, die unter 15 Jahre jung sind.

Aus Sonneberg, dem Zentrum der Heimarbeit für Spielwarenherstellung, ist mir folgende Tabelle zugegangen: Die Kinder arbeiten dort im Durchschnitt bis 12 Uhr nachts, nicht wenige bis 2 Uhr morgens, und in der Saison, das ist bei ihnen die Vorweihnachtszeit, kommen sie überhaupt nicht ins Bett! (Empörung im Saal) Das sind unhaltbare Zustände. In der Schule sind unsere total übermüdeten, schlecht genährten Kinder der Prügelpädagogik ehemaliger Feldwebel und Unteroffiziere ausgeliefert, die – nach Kaiser Wilhelms Gnaden – als »Lehrer« amtieren dürfen. In dessen Schulen stopft man die Köpfe der Proletarierkinder voll mit Bibelsprüchen und frommen Liedern mit der gezielten Absicht, sie dummzuhalten. Je dümmer der Mensch, desto leichter ist er zu regieren! Wir Frauen müssen schreien und donnern und noch mehr schreien, um unsere Rechte zu erhalten. (Beifall) Wir haben kein Wahlrecht, keinerlei Recht, uns zu organisieren, wir können nicht Mitglieder unserer Partei sein. Das Arbeiterrecht ist ein Witz. Es räumt uns lediglich die Freiheit ein, die einzige Ware, die wir besitzen, unsere Arbeitskraft, unter ihrem Wert an andere zu verschleudern. Tun wir das nicht, müssen wir verhungern. Manche Mutter weiß nicht, woher sie die Lappen und Fetzen nehmen soll, die Blößen ihrer Kinder zu bedecken. Ich nähe zur Zeit seidene Mantillen für Schoßhunde! Mit Applikationen und Perlen verziert! So schreibt es die Wintermode für den süßen Mops-Liebling von Madame vor. Und der Zwischenmeister, für den ich arbeite, hat sich eine Freude daraus gemacht, mir diesen Schandposten anzutragen. Hätte ich mich geweigert, wäre ich leer ausgegangen. (Pfui-Rufe) Was ist zu tun? Wir müssen uns kundig machen, wissender, damit wir uns wehren können, sachlich und wirkungsvoll. Wir müssen viele werden, damit unser Einspruch gehört werden muß. Alle Entrechteten, Betrogenen, Beleidigten müssen zusammengehen, ganz dicht, daß ihnen bange wird da oben und sie Reißaus nehmen! (Beifall) Wir Proletarierinnen können und wollen nicht mehr nur Heimchen am Herd sein. Manche von uns besitzen nicht mal einen oder haben nichts darauf zuzubereiten. Der Verdienst der gesamten Arbeiterfamilie ist zumeist so gering, daß die Lebenshaltung nach folgendem erschütterndem Vers geregelt werden muß:

> Kartoffeln in der Früh,
> des Mittags Kartoffeln in Brüh,
> des Abends Kartoffeln im Kleid,
> Kartoffeln in alle Ewigkeit. (Beifall)

Frauen! Traut keiner Gottheit, die da duldet, daß 20 Millionen Menschen auf der Landstraße liegen und verhungern. Es gibt keinen Gott außer dem Gott Mammon! In Erwägung, daß es keinen einleuchtenden Grund gibt, ein menschliches, mündiges Wesen von Bürgerrechten und Freiheiten auszuschließen, in Erwägung, daß wir Frauen nicht gewillt sind, diesen Zustand der Entrechtung ferner zu ertragen, und in weiterer Erwägung, daß eine Verbesserung der politischen Verhältnisse nicht ohne politische Rechte und Freiheiten herbeigeführt werden kann, fordern wir Frauen nachdrücklich die gleichen bürgerlichen und politischen Rechte wie die Männer. (Großer Beifall)
Frauen! Solltet ihr auf dem Heimweg von unseren Ordnungshütern peinlich befragt und belästigt werden, sagt, ihr seid Sängerinnen, Mitglieder des Musenkränzchens »Grüner Lorbeer«, und ihr kommt von einer gemeinsamen Probe. Damit eure Behauptung einen Teil Wahrheit enthält, laßt uns ein Lied anstimmen, und summt es unterwegs weiter. Liebe Freundinnen, laßt uns singen und summen: »Die Gedanken sind frei, wer kann sie erraten?«

Original aus der Acta

Beschwerdebrief der Agnes Wabnitz an den Polizeipräsidenten

...daß zu einer nur von Frauen besuchten Versammlung soviel Schutzmannschaft aufgeboten wurde, daß Passanten sich veranlaßt fühlten, zu fragen: »Was ist denn los? Ist dies ein verdächtiges

Haus?« Nach eines jeden Bürgers Auffassung ist die Polizei dazu da, Ruhe und Ordnung aufrechtzuerhalten, jedoch nicht, Aufsehen zu provozieren, dem Publikum Veranlassung zum Stehenbleiben und falschen Voraussetzungen zu geben. Ohne das Aufgebot der Polizei wäre unsere Versammlung ruhig verlaufen und der Wirt uns nicht roh und brutal entgegengetreten, der uns erst freundlich sein Lokal bewilligte. Tatsächlich sind in Berlin die Schutzleute nicht knapp, wenn auf 21 Frauen fast 10 Schutzleute und fast ebenso viele Geheime kommen. – Wir haben nicht die Absicht, uns derartige Behandlung gefallen zu lassen, auch nicht, daß ein Geheimpolizist uns zu Paaren treiben will. Wir sind keine Schafe und bedürfen keines Treibens. Wenn ich zu ihm ruhig sage: »Regen Sie sich nicht auf«, ruft der Revierleutnant: »Faßt die da!«

Rechtsanwalt Dr. Stadthagen als Ankläger vor
dem Kommissar der Politischen Polizei

Jawohl, es war Mord. Politischer Mord. Und ich mache mich zum Anwalt der Wabnitz. Ich werde den Beweis antreten. Totgeschunden habt ihr unseren Engel der Armen. In Ihrer Akte, Herr Kommissar, sind die Stationen des Leidensweges unserer Agnes verzeichnet. Machen Sie sich die Mühe, lesen Sie gründlich. Wenden Sie die Voreingenommenheiten, unter denen Ihre Beamten die Berichte geschrieben haben, in ihr Gegenteil, und Sie erhalten ein genaues, schönes, erschütterndes Bild der Mantelnäherin Agnes Wabnitz, eine der Besten, Selbstlosesten, Unermüdlichsten im Kampf für die Rechte von Frauen und Kindern.

In Ihren Protokollen ist allerdings eine andere charakterisiert, Herr Kommissar. Eine Person, die versucht, »den Klassenhaß zu schüren«. Das ganze VERBRECHEN der Wabnitz bestand darin, den Frauen und Kindern bessere Lebens- und Arbeitsbedingungen zu erkämpfen. Sie, Herr Kommissar, als ein Vertreter des Rechts, werden einen ordentlichen Gerichtsbeschluß anerkennen. Er ist in diesem Jahr verfaßt worden und lautet: »Das Lebensminimum für eine Arbeiterin beträgt 12–13 Mark pro Woche.« Wenn eine Heimarbeiterin, so eine wie unsere Agnes, die Mesch und tausend andere, 18

Stunden täglich trampelt, sitzt und trampelt, ohne aufzusehen, nachts bei einer matten Ölfunzel, dann bringt sie zwischen 7 und 8 Mark zusammen. Davon ernährt sie oftmals die Familie. Allein! Die Frauen schuften sich zu Tode, denn es reicht nicht zum Leben. Gegenwärtig haben wir fünfeinhalb Millionen arbeitender Frauen in Deutschland. Jener gewaltigen Zahl von Mitmenschen galt das Bemühen der Agnes Wabnitz. Ihre gesamte agitatorische Arbeit war darauf gerichtet, die Lage der Arbeiterinnen zu verbessern. Sie wurde beobachtet, verfolgt, verhaftet, gerichtlich belangt, inhaftiert, weil sie für die Einführung des Normalarbeitstages und für die Abschaffung der Sonntagsarbeit sowie für das Stimmrecht der Frauen im Reichstag kämpfte. Sie gründete einen Verein zur Unterstützung weiblicher, aus dem Krankenhaus entlassener Personen und zur Beaufsichtigung der Kinder erkrankter Mütter. Das waren ihre Gesetzesübertretungen!

Die Wabnitz wollte mit ihren Vorträgen die Frauen ausrüsten, sich besser behaupten zu können im täglichen Kampf mit den Zwischenmeistern. Sie wollte sie klüger machen, weniger ausgeliefert. Sie sollten sich ihrer Kraft in der Gemeinschaft bewußt werden. In Ihrer Amtssprache, Kommissar Schneeweiß, wurde ihr Bestreben nach besserer geistiger Ausrüstung der Frauen zur AUFRÜSTUNG verfälscht. Die Wabnitz hatte zum Aufstand mit Waffengewalt aufgerufen, meinten Sie und sperrten sie ein. Dabei wollte sie lediglich einen Fachverein der Mantelnäherinnen gründen, da hatte sie schon gegen die Reichsgewerbeordnung verstoßen. Die Folge war wiederum eine Haftstrafe für Agnes. Diese Aufzählung ließe sich beliebig fortsetzen. Die Behandlung, der Frauen in diesem Land ausgesetzt sind, verlangt eine öffentliche Untersuchung. Der Fall Wabnitz ist ein exemplarisches Beispiel für die Machenschaften von Rechtsbeugung und Rechtsverdrehung. Das Vereins- und Versammlungsrecht macht Frauen und Mädchen unmündig, handlungsunfähig. Ich bin sicher, der Tierschutzverein hat für Hunde, Pferde und Katzen »menschlichere« Gesetze als es die sind, welche für – besser GEGEN – unsere Frauen gemacht sind.

Brutale Gewalt in kleinen Dosen! Das ist das Prinzip, mit dem Polizei und Justiz das Leben der Wabnitz ausgelöscht haben. Ich behaupte, daß alle unliebsamen Personen auf Berliner Polizeiwachen, in den Gefängnissen und Anstalten grausam mißhandelt werden. Für diese Behauptung werde ich Ihnen, lückenlos, die Beweiskette liefern, Herr Kommissar.

Original aus der Acta

Rechtsanwalt Arthur Stadthagen

Stadthagen, Arthur, Berlin, Landsbergerstr. 62
Rechtsanwalt, Jude, Mitglied der SPD seit 1889, Reichstagsabgeordneter seit 1890. Stadthagen führt kostenlos Rechtsberatungen für Arbeiterinnen und Arbeiter durch. Er hilft den Agitatorinnen bei der Ausarbeitung ihrer Referate. In der Arbeiterbildung gibt er Gesetzeskundeunterricht.

Agnes vor Gericht

Sogenanntes Hohes Gericht! Sie sitzen hoch, das ist wahr, aber nicht unerreichbar, wenn es gelingt, daß alle Entrechteten zusammenhalten, einer auf den Schultern des anderen vertrauensvoll und sicher stehen lernt, dann kommt der Tag! Zur Sache. Ja. Ich hatte sachliche Gründe, der Vorladung des Gerichts nicht Folge zu leisten. Mein Brief ist gewiß bei Ihren Akten, Herr Richter. Suchen Sie nicht, ich zitiere: »Juni 1892. Endlich aus Frankfurt von meiner Agitationsreise zurück, habe ich Schulden, die ich abarbeiten muß. Und erfahrungsgemäß kommt aus den Verhören mit mir nichts weiter raus als neue Anklagen gegen mich, die mich wiederum von der Arbeit abhalten.« Zitatende.
Nun hat man mich zwangsweise hierhergeschleppt. Ich will Ihnen sagen, daß zu den sachlichen noch andere, entscheidende Gründe sich gesellen, sie sind mehr gefühlsmäßiger Natur.
Ihre Ladung, Hohes Gericht, ist für mich ein Wisch, mit dem man, ich will es rücksichtsvoll formulieren, den Ofen anzündet! Mehr nicht.
Sie klagen mich erneut an wegen Aufreizung zum Klassenhaß und wegen Majestätsbeleidigung. Sie behaupten, ich würde die Frauen

zu Widerstand mit Waffengewalt aufrufen. Das ist, mit oder ohne Ihre Erlaubnis, zum Totlachen. Tödlich ist es ohnehin, in Ihre Gesetzesmühle zu geraten. Sie mögen meine Wallungen nicht? Bitte. Ohne Gefühl. Denn das, was jetzt kommt, ist Statistik: Hier in Berlin kommt auf 50 waffenlose Arbeiter und Arbeiterinnen ein bewaffneter Blauer! Die Geheimen nicht mitgerechnet. 5122 Gefangene befinden sich zur Zeit in Isolierhaft, 31170 in Polizeigewahrsam!

Sie können mir nicht drohen, Herr Richter. Das ist keine Verleumdung. Ich zitiere lediglich Fakten aus der bürgerlichen Presse. Ich weiß, was Sie, hoher Herr so hoch da droben, jetzt sagen werden. Sie sagen: Wenn zwei dasselbe sagen, ist es noch lange nicht dasselbe. Es kann deshalb in dem Munde des einen eine ganz andere Bedeutung haben als in dem Munde eines anderen. Auf die TENDENZ kommt es an! Das meinen Sie doch, Herr Richter? Sie fragen sich, müssen sich das fragen: Was ist denn die TENDENZ dieser Person? Wohin strebt sie, worauf will sie hinaus? Und da müssen wir von der sozialdemokratischen Partei uns gefallenlassen, daß, stehen wir vor dem Allerhöchsten, nämlich Ihnen, Herr Richter, für die Auslegung unserer Worte zurückgegangen wird auf andere Gelegenheiten, z. B., was wir in Versammlungen gesagt haben, also auf das, was als ZIEL unserer BESTREBUNGEN klar dasteht und wodurch wir uns von allen Personen im Staate unterscheiden. Es ist doch einfach so, Herr Richter: Sie beurteilen nicht – wie es eigentlich Ihr Amt vorschreibt – die Tat ohne Ansehen der Person, sondern Sie ziehen ohne Rücksicht auf die Tat den Täter wegen seiner GESINNUNG, wegen seiner TENDENZ zur Rechenschaft. Das ist preußische Justiz! So habe ich sie wieder und wieder erfahren. Sehen Sie, ich kann auch spitzfindig sein. Nun brüllen Sie wieder: »Abführen!« Ich schreie dagegen: »Gefängnisaufenthalt ist widerrechtliche Freiheitsberaubung!« Ich erkenne die Gesetze des Staates nicht an. Sie verurteilen mich zu zehn Monaten Gefängnis? Meine Antwort heißt HUNGERSTREIK!

Charité

Bericht vom 4. Tag der Verhaftung der Agnes Wabnitz. 20. Juli 1892

Die Verurteilte hat den Rechtsanwalt Stadthagen mit der Einlegung der Revision beauftragt, und derselbe hat die vorläufige Entlassung der Wabnitz aus der Haft beantragt. Ihrem Verteidiger gegenüber hat die Gefangene versichert, daß sie ihrem Gelöbnis, im Gefängnis nichts zu sich zu nehmen, treu bleiben werde, weil sie von der Absicht durchdrungen ist, daß das Bestehen der Gefängnisse überhaupt ein Unrecht sei.

Zeitungsbericht aus dem »Vorwärts« vom 19. Juli 1892

Frl. Agnes Wabnitz wird im Gefängnis zwangsweise ernährt, da sie, ihrem Gelöbnisse getreu, sich weigerte, irgendwelche Nahrung zu sich zu nehmen.

Während zwei Beamte die Gefangene halten, flößt ein dritter ihr mittels eines Gummischlauches die in eine breiartige Form gebrachte Nahrung ein.

Die nervöse Überreizung hat bei Frl. Wabnitz einen so bedauerlichen Grad erreicht, daß eine Nervenheilanstalt für sie jedenfalls der zweckentsprechendere Aufenthalt wäre als die Gefängniszelle.

Aussage eines Wärters vor dem Kommissar
der politischen Polizei

Wenn Sie mich fragen, Herr Kommissar, die Wabnitz ist eine total meschugge Person. Meschugge! Können Sie mir glauben. Erst schreit sie herum: Ich bitte um Schutz vor Schutzleuten! Immerzu. Wie 'ne Musikwalze. Immer dieselbe Leier. Da fliegt dann schon mal das Schlüsselbund und trifft möglicherweise empfindliche Teile der verwahrten Person. Ob es das Gesicht war, kann ich nicht sagen.

Die hatte überall grüne und blaue Flecken. Die hat sie sich absichtlich zugefügt. Selbstverstümmelung, ist doch klar. Dann hörte sie auf zu toben und zu schreien, und wir atmeten auf. Da verweigerte sie das Essen. Na, das wäre was, wenn die uns abkratzte. Da hätten die Sozis Stoff für ein öffentliches Geschrei. Wir mußten sie künstlich ernähren, wir hatten keine Wahl.

Kraft hat die dürre Ziege. Pardon, Herr Kommissar. »Das Weib«, wollte ich sagen. Zwei Mann mußten sich auf sie setzen. Nee, nich was Sie denken. Das ist kein Spaß bei der. Ein dritter hat ihr den Schlauch in die Nase gedreht. Durch den Mund ging nichts, sie spuckte uns alles ins Gesicht. Also: Schlauch rein in die Nase. Milchsuppe marsch! Na ja, man ist einiges gewöhnt, aber das –. Wir haben sie jetzt in den Dollkasten verbracht, da kann sie die anderen Verwahrten nicht mehr stören. Still isse nun, aber so unheimlich. Nu wird sie ja bald nach Dalldorf überstellt, in die Klapsmühle. Da gehört sie auch hin, wenn Sie mich fragen, Herr Kommissar.

Aus: Geschichte des Irren- und Arbeitshauses zu Berlin

Für die Rückfälligen kommen folgende Vorschriften zur Anwendung:

...3. werden sie zu den schwersten, unangenehmsten und schmutzigsten Arbeiten verwandt, z. B. zum Gipsstoßen, zur Tretmühle usw.

Über die Tretmühle

...Dies ist ein breites, weites Rad, dessen innere Fläche mit 7 Zoll hohen Stufen besetzt ist. Der Umfang des Rades ist so groß, daß etwa 12 Menschen beständig in steigender Bewegung ihre Füße aufwärts setzen können. OHNE VON DER STELLE ZU KOMMEN... Die Sträflinge müssen gewöhnlich 9 bis 10 Stunden täglich auf der Tretmühle zubringen, jedoch nur eine Stunde in einem fort... Während man früher die Arbeit der Menschen nach ihrem Erfolg bemaß und unter Arbeit eine schaffende Kraft verstand, während man früher die Mühlen nur zu nutzbringenden Zwecken wie zum Getreidemahlen oder zum Brettersägen errichtete, hat man in der Tretmühle als neue Art die UNFRUCHTBARE ARBEIT ausfindig gemacht.

Bericht der Martha Wengels, Freundin der Wabnitz,
vor dem Rechtsanwalt Stadthagen

Siebzehn Betten in dem Saal, Herr Anwalt. Siebzehn! Da saß se nu und starrte uff de Wand. Ringsum Säuferinnen, Kokainistinnen, Rummelnutten. Mit Syphilis, Sie verstehen, und dazu dies elende Geheule von die Versuchshunde. Wer nich varrickt is, dort wird er's. Nachts schmier'n die durchgedrehten Personen sich und andere voll mit – mit Exkremente und würgen sie im Schlaf. Das hält se nich aus, nich mehr lange. Machen Se was, Doktor. Sie haben doch drauf studiert. Jut is, daß se jetzt und hat Arbeit in der Nähstube. Jut is ooch, daß se nu wieder essen will. Ick habe ihr die Junkerpresse vorjelesen. Nu will se wieder und wird kämpfen. Essen und kämpfen. Gegen die blaublütigen Scheißer. Det se sich ausjerechnet die ultrafeudale Bagage, die Stützen von Thron und Altar, zu Kampfjenossen jemacht hat – det hat ihren Hungerstreik abrupt beendet. Det wollte se nu zu allerletzt, daß die ihre Suppe uff ihren Scheiterhaufen kochen tun.

Aus der Kreuz-Zeitung

Unter allen Umständen aber verdient eine so ideal angelegte Natur, wie sie Fräulein Wabnitz ist, nicht, daß man sie als gemeingefährliche Geisteskranke in eine Irrenanstalt steckt.

Martha Wengels fährt fort

Det hab ick ihr vorjelesen, und wie sie denn kapiert hat, daß sie plötzlich 'ne Heldin abjibt für det reiterbeinije Jesockse, da hatte meine olle Schnauze unse Agnes rumjekricht. Menschenskind! Ich

dachte immer, ich tauge nich für pullitische Agitation! Ab heute
habe ich 'ne janz hohe Meinung von mir. Nu müssen wir die Agnes
aber dalli, dalli da rausholen, Herr Doktor, klar?

Vorwärts, den 12. Nov. 1892

… Wabnitz nicht freizukriegen aus der Irrenanstalt.

Agnes Wabnitz legt Beschwerde ein beim Direktor der Irrenanstalt

Ich komme hier nicht raus, sagen Sie? Nicht raus?! Frau Betz, meine
Nachbarin zur Linken im Schlafsaal, hat eine senile Demenz, wie Sie
hier sagen. Nacht für Nacht geht sie herum und beschmiert uns mit
Kot. Meine Bettnachbarin zur Rechten hat die Angewohnheit, mit
dem Kopf gegen die Wand zu schlagen wie mit einem Hammer. Die
Wärterinnen geben ihr mit dem Türknauf den Rest. Erst bellen und
toben die Hunde Tag und Nacht, urplötzlich herrscht Totenstille.
Man hat den Versuchstieren die Stimmbänder durchschnitten!
Ich muß hier raus. Ich MUSS. Raus. RAUS. RAUS!
Anderentags, in der Mittagspause, reißt Agnes den Kasten ihrer
Nähmaschine auf. Schnell und zielsicher greifen ihre Hände nach
abgebrochenen Nadeln. Nadelköpfe, Sicherheitsnadeln steckt sie in
den Mund, steht sekundenlang reglos, wie in Katatonie, dann
schluckt und schluckt sie.
Ein nicht enden wollender Schrei gellt durch das Irrenhaus.

*Rechtsanwalt Stadthagen vor dem Kommissar
der politischen Polizei*

Fräulein Wabnitz wurde in das Krankenhaus Friedrichshain gebracht, wo – wie in Ihrem Protokoll nachzulesen ist, Herr Kommissar – die GEFÄHRLICHEN GENUSSMITTEL entfernt worden
sind. Diese Formulierung wird mir unvergeßlich bleiben. Eine
makabre Kostbarkeit in der Raritätensammlung der Formulie-

rungen, entstanden während meiner anwaltlichen Tätigkeit. Sie selber entlarven damit die Unmenschlichkeit dieses Systems. Bisher beherrschten drei »K« die Entrechteten: KERKER, KIRCHE und KASERNE. Von diesem Tag an gesellt sich zu Ihren Methoden der Unterdrückung ein viertes »K«. Es steht für KLAPSMÜHLE. Diese tapfere Frau, Agnes Wabnitz, konnte weder durch seelische Grausamkeit noch durch körperliche Qualen, weder in der Haft noch im Irrenhaus, mundtot gemacht werden. Agnes Wabnitz wurde am 1. Juni 1893 aus dem Krankenhaus entlassen. Seither spricht sie wieder auf Versammlungen, agitiert eindringlicher, aufrüttelnder denn je. Schlagartig hat Ihre politische Abteilung, haben Sie, Herr Schneeweiß, die Taktik geändert. An Stelle mieser Plackereien durch Ihre Armee von Hilfswilligen, haben Sie eine zielgerichtete Kampagne eingeleitet, die zur ENTMÜNDIGUNG der Wabnitz führen soll. Ich kenne die Depeschen, die zwischen Ihrer Behörde und den Polizeipräsidenten von Magdeburg, Greifswald, Meerane und so fort hin und her gehen. Das ist ein Kesseltreiben, das sich nicht mehr gegen die Wabnitz allein richtet, sondern auf die gesamte Sozialdemokratie zielt.

Rede der Agnes Wabnitz vor den Versammelten
einer Berliner Gaststätte

Man wird mir gewiß verzeihen, wenn ich heute – abschweifend von meinem eigentlichen Thema – etwas von meiner Lebensgeschichte erzähle, nämlich von meinen eigentümlichen Begegnungen mit der Polizei und den Gerichten.
Vermutlich werde ich heute zum letzten Mal in einer öffentlichen Versammlung sprechen. Liebe Genossinnen, Sie alle wissen, daß ich zu 10 Monaten Gefängnis verurteilt wurde, ein Revisionsantrag läuft. Der Anlaß zu meinen Ausführungen jetzt ist, Sie einmal darauf aufmerksam zu machen, welch seltsamen Wandel der Inhalt der Anklage gegen mich durchgemacht hat. Aus einer Beschuldigung wegen Gotteslästerung wurde Majestätsbeleidigung. Man bemerke den Unterschied im Grad der Strafwürdigkeit! Diese wiederum, die Majestätsbeleidigung, grenzte an eine Bismarckbeleidigung. Und

jetzt stehe ich nun, in Folge dessen, vor einem ENTMÜNDI-
GUNGSVERFAHREN. (Tumultartiger Protest)
Man will mich, bei voller geistiger Klarheit, im Alter von 52 Jahren,
in die rechtliche Unmündigkeit eines Kindes zwingen. Das be-
deutet: das Ende politischen, öffentlichen Wirkens. Bei Widersetz-
lichkeit gnadenlose, erneute Einweisung in die IRRENANSTALT.
Das heißt: in die Vergessenheit, ins Nichts gestoßen zu sein. (Pfui-
Rufe)
Sie alle hier wissen aus den Berichten unserer sozialdemokratischen
Presse, wie es mir ergangen ist. Ich könnte das nicht noch einmal
durchstehen. Darum wünsche ich mir sehr, Sie würden mir bei-
stehen im Kampf um mein Recht.

Martha Wengels zu Besuch bei Agnes Wabnitz

So ein Tag, Agnes! Das Verfahren gegen dich niedergeschlagen!
Dein Leumund blitzeblank. Wie stehste da?! Uns kann keener. Dis
is das Motto. 'n feiner Mensch, der Stadthagen, Arthur. Er hat dich
freijeboxt, einfach so. Allerdings – nach deren Niederlage mit ihrem
dämlichen Entmündigungsverfahren müssen wir damit rechnen,
daß die sich rächen tun und nich mit der Revision rüberrücken von
dem Urteil gegen dich. Das kriejen die fertich, bei dem Presserum-
mel, den die janze Schose ausjelöst hat! Dabei haste die Strafe längst
verbüßt. Erst Knast, dann Irrenanstalt – das waren schon fast sieben
Monate. Außerdem liegt die Verurteilung schon zwei Jahre retour.
Aber uff die Art denken die freilich nich. Trotzdem: Det Reichs-
jericht muß dem Antrag uff Revision stattjeben!
Na ja, wer von die muß schon MÜSSEN? Keener.

Brief des Reichsgerichts an Agnes Wabnitz

Das Reichsgericht entschied über die RECHTSBESTÄNDIGKEIT
des Urteils. Es erkannte auf VERWERFUNG der Revision.
Deshalb die Aufforderung, am 28.8.1894 in das Weibergefängnis,
Barnimstraße, zu kommen, um die Haft anzutreten.

Agnes legt den Brief beiseite, nimmt, leise summend, ein Leinentuch. Sie beginnt es zuzuschneiden. Dann sitzt sie an ihrer Nähmaschine und trampelt. Agnes näht ihr Sterbekleid.

Sie geht durch die Straßen, in der einen Hand das Fläschchen mit Blausäure, in der anderen die Postkarte an Frau Mesch.

Agnes beschickt den Briefkasten, geht über die Greifswalder hin zum Friedrichshain, legt ihr Umschlagtuch ab, entkorkt die braune Medizinflasche, trinkt.

Kommissar Schneeweiß äußert sich

Nun lassen Sie mich auch einmal das Wort ergreifen, Herr Rechtsanwalt. Sie haben Ihre Ansicht zum Falle Wabnitz ausführlich darstellen können, ich habe Ihnen aufmerksam zugehört. Die betreffende Dame erhellt sich mir mittlerweile auf das deutlichste durch ihre Reden, die hier bei mir aktenkundig sind, und aus den gerichtlichen Protokollen. Außerdem habe ich mit angehört, was meine Beamten und die Gesinnungsfreunde der Wabnitz vorzutragen hatten, und werde diese Anhörungen auch noch fortsetzen. Doch bereits jetzt zeigt es sich klar, daß besagte Person zwar durch meine Dienststelle beobachtet worden ist, aber niemals verfolgt. Sehen Sie, Herr Stadthagen, so ein Satz des Schutzmannes Göttlich, der die Wabnitz beschreibt als PROTOTYP DER UNTER DEN ENTBEHRUNGEN UND DER ARBEITSLAST ZUSAMMENGEBROCHENEN WEIBLICHEN EXISTENZ führt für mich den Beweis, daß hier ein korrekter Beamter mit großem sozialem Einfühlungsvermögen seinen Rapport abgefaßt hat. Sie aber, Doktor Stadthagen, unterstellen Mord!

Die Fakten sind unwiderlegbar: Die öffentlichen Auftritte der Wabnitz erfüllen eindeutig den Tatbestand für umstürzlerisches Verhalten. Nämlich Aufwiegelung gegen den Staat und dessen Vertreter. Was sonst sollten ihre zügellosen Reden über die Rechtlosigkeit der Arbeiterinnen bewirken?

Wozu Sie, Stadthagen, künstlich einen unbestreitbaren Selbstmord in politischen Mord verdrehen wollen, ist uns beiden helle, Doktorchen. Sie brauchen Propaganda, Reklame, Tamtam. Sie wollen, daß

wir den Leichnam der inzwischen von Ihnen zur Märtyrerin hoch-
stilisierten Person herausrücken, damit Sie und Ihre Genossen nach
bekannter Manier eine Massenkundgebung auf dem Friedhof veran-
stalten können. Daraus wird nichts. Der Herr Polizeipräsident Ma-
dei hat das bereits abgelehnt. Lesen Sie sich's durch.

Original aus der Acta

Ablehnung des Polizeipräsidenten von Berlin,
die öffentliche Bestattung der Wabnitz betreffend

Ihrem Antrag, die Beerdigung der unverehelichten Wabnitz am
Sonntag stattfinden zu lassen, kann aus sicherheits- und ordnungs-
polizeilichen Gründen nicht stattgegeben werden.
Aus denselben Gründen und mit Rücksicht auf die §§ 9 und 10 des
Vereinsgesetzes vom 11.3.1850 wird auch an anderen Tagen die in
Rede stehende Beerdigung nicht genehmigt werden können, wenn
dieselbe mit Musik stattfinden oder sonst den Charakter eines Auf-
zuges annehmen sollte. Gezeichnet: Der Polizeipräsident.

*Kommissar Schneeweiß fährt gegenüber Stadthagen
in seinen Äußerungen fort*

Na, sehen Sie. Das Gesetz rechtfertigt diese Maßnahme, und unsere
Erfahrungen mit den Sozialdemokraten rechtfertigen sie nicht nur,
sondern machen sie notwendig. Mensch, Stadthagen, Sie und ich
stehen auf entgegengesetzten Seiten, machen wir uns nichts vor, dafür kennen wir uns zu gut. Geben Sie nach, und lassen Sie das alte
Mädchen in Frieden ruhen. Der Bestattungsrummel ist abgelehnt.
Feierabend. Wir haben in jedem Fall den längeren Arm. Die Leiche
wird am Sonnabend nachmittag in die Leichenhalle der Freireligiö-
sen Gemeinde, Pappelallee 15, überführt. Basta.

Die Trauerfeier begann pünktlich. 4.00 Uhr nachmittags. Sie fand in der Leichenhalle statt und wurde durch den Gesang des Sängerchores Nord eingeleitet. »Gesang fällt nicht unter das Musikverbot«, hatte Stadthagen den Frauen und Männern versichert, die ihre Wut und Trauer um den Tod von Agnes öffentlich machen wollten.

Zeitungsbericht

Schon lange vor der festgesetzten Stunde sah man in den Straßenzügen einzelne Personen und Gruppen der Begräbnisstätte zueilen, durch ihre ernsten Mienen und roten Blumenschmuck, auch durch Trauerkleidung, waren sie als Genossinnen und Genossen der Heimgegangenen gekennzeichnet. Je mehr man sich der Stätte näherte, desto größer wurde das Gewühl.

60000 Berliner, vielfach auffällig in Rot gekleidet, bedeckten die breite Allee. 630 Kränze in allen Größen trugen die Trauernden herbei. 630 Kränze! Das waren 80 mehr als zur Beerdigung von Kaiser Wilhelm I. Schutzleute standen zu beiden Seiten der Straße, und Reitende patrouillierten in den Nebenstraßen.

Die Haltung des Publikums war musterhaft und bot der Polizei keine Gelegenheit zum Einschreiten.

Der Grabstein, der die letzte Ruhestätte von Agnes markiert, trägt diese Inschrift:

> Hier ruht unsere unvergeßliche
> Genossin Agnes Wabnitz
> geb. 10. Dezember 1842
> gest. 28. August 1894.
> Edelsinn, Biederkeit
> war deine Zier.
> Wahrheit, Gerechtigkeit
> hieß dein Panier.
> Ob du im Grabe auch liegst,
> es klingt fort und fort
> wacker dein Losungswort:
> Freiheit, du siegst!

Die Geburtshelferin

Eines Weibes Sinn
wird von den niedrigsten
Motiven beeinflußt.

Livius

Margarete ist das älteste von neun Kindern. Immer wenn sie ihre Tante, die Hebamme, holen mußte, sagte diese: »Was denn, schon wieder? Dein Vater is wohl dämlich?« Und Margarete protestierte regelmäßig: »Was du nur mit Vatern hast, der kann doch nichts dafür, daß der Storch so oft zu Muttern kommt.«

Sie war eine Frühgeburt. Und Frühchen, sagt man, seien Spätentwickler. In ihrem 15. Lebensjahr verliert Margarete innerhalb weniger Monate Vater und Mutter. Die jüngeren Geschwister werden an die Verwandtschaft verteilt. Margarete, bereits im arbeitsfähigen Alter nach damaligem Verständnis, wird nach Berlin geschickt. Sie kommt als Dienstmädchen in ein Lehrerinnenheim am Kurfürstendamm. Helene Lange, Vorsitzende der bürgerlichen Frauenbewegung, arbeitet im Vorstand dieses Heimes. Dessen Insassen: junge Lehrerinnen, Bildhauerinnen, Schauspielerinnen, Angehörige der bürgerlichen Gesellschaft. Sie öffnen dem aufgeschlossenen, sympathischen Mädchen eine neue Welt. Der einen ist sie Dialogpartnerin beim Textlernen für die Rolle des Gretchen im ›Faust‹, der anderen schaut sie beim Malen zu, lernt sehen, erkennen, begreifen, daß der Mensch Teil der Natur ist, seine Beschaffenheit also nicht schamhaft geleugnet werden muß. Sie liest, hört Musik, geht ins Theater, erlebt die Epoche der sozialen Dramen Gerhart Hauptmanns.

Margarete: Es war mein Traum, in Freiheit zu leben, einen Beruf zu haben, unabhängig zu sein. Wenn es sein mußte, auch lebenslänglich ledig. Denn es war Gesetz, daß Frauen im Schuldienst und im Schwesternberuf LEDIG sein mußten. Damals, als ich jung war, glaubte ich, es wäre ein leichtes, darauf zu verzichten, von einem tyrannischen Manne beherrscht zu werden. Ich dachte: Ich heirate nie, da kann der Herr noch so nett sein. Aber daß die Gesellschaft so herzlos war, uns berufstätigen Frauen auch das Recht auf Mutterschaft zu versagen, nur weil wir unser Leben nach eigenem Gutdünken gestalten wollten, diesen Umstand fand ich grausam. Denn für ein illegitimes Kind reichte unsere Courage damals noch nicht.

Empfindsam, voller praktischer Hilfsbereitschaft, will Margarete ihre Erlebnisse in wirksame Tätigkeit umsetzen. Sie beschließt, Krankenschwester zu werden. In der Charité bewirbt sie sich um die Lehrausbildung. Abgelehnt. Sie hat das zulässige Alter von 18 Jahren noch nicht erreicht, und ihr fehlt auch das Geld für die Unterweisung, Lehrgeld für zwei Jahre. Geld für eine Aussteuer an Wäsche, Schürzen, Hauben, Schuhen und Strümpfen, alles das mußte von den Schwesternschülerinnen aufgebracht werden.
Margarete will nützlich sein. Zahle, wird sie aufgefordert. Kaufe dich ein bei uns, dann wirst du dazugehören. Sie muß sich den Bedingungen beugen, aufgeben wird sie nicht. Arbeitet in Haushaltungen wohlhabender Familien, legt Groschen auf Groschen, um sich eines Tages die Arbeit kaufen zu können, die für sie gleichbedeutend ist mit Glück, Zufriedenheit. Daran glaubt Margarete.
Dann lernt sie Franz kennen, einen »Schofför«.

Margarete: Ich hatte ihn gern, den Franz. Aber ich hatte nicht gerackert bis zu diesem Zeitpunkt, um nun alles wegzuwerfen für einen Mann und eine Stube voller Kinder. Die Plage kannte ich. Stücker acht habe ich mit großziehen helfen. Das hatte mir gereicht. Ich hatte die Krankenküche gelernt, dann lernte ich die Krankenpflege und wollte nun Schwester werden. Die brauchte man immer. Arme Leute, reiche Leute – wenn sie krank sind, brauchen sie die Schwester. Niemals mehr Notstand für mich. Das versuchte ich, Franz begreiflich zu machen. Ich wußte doch, wie es den Mädchen geht, die sich einlassen. Dann kommt ein Kind, und aus ist's mit der Laufbahn. Von wegen: »Sein hoher Gang, seine edle Gestalt, seines Mundes Lächeln, seiner Augen Gewalt und seiner Rede Zauberfluß, sein Händedruck und ach, sein Kuß!« wie das bei Goethe heißt. Meine Laufbahn sollte anders sein, sagte ich dem Franz. Da paßte kein Mann ins Bild. Eine Schwester mußte ausscheiden aus dem Beruf, wenn sie heiratete.

Ich wollte nicht ausscheiden, bevor ich richtig losgelegt hatte. Ich wollte selbständig sein, mein Leben nach meinem Willen ausrichten. Verliebt sein ist schön, aber dann? Dann kommt der Alltag. Eintopfdasein. Das wollte ich nicht. So nicht.

Im Juli 1914 heiraten Franz und Grete. Zuvor gibt ihr der Liebste schriftlich seine Einwilligung, daß sie den Beruf einer Hebamme erlernen darf. Ohne die Zustimmung des Familienoberhauptes kann eine Frau in dieser Zeit keinen Beruf ergreifen.
Eintausend Mark kostet diese Ausbildung. Ihr Franz hat sie gespart, ist bereit, diese Summe zu investieren, um Margarete, seiner Frau, für alle Zeit eine sichere Existenzgrundlage zu geben. Vier Wochen nach der Hochzeit bricht der Erste Weltkrieg aus. Der junge Mann wird eingezogen. Margarete ist schwanger. Als ihr Sohn geboren war, drängte der frischgebackene Vater seine junge Frau, unverzüglich die Berufsausbildung aufzunehmen. Die Möglichkeit, daß er arbeitsunfähig aus dem Krieg zurückkommen könnte oder gar nicht, bestimmte die Eltern, ihr Neugeborenes auf das Land in Pflege zu geben. So kann Grete intensiv ihrer Arbeit nachgehen.

Margarete: War das richtig? So fragte ich mich damals. Ich glaubte das Kind gut aufgehoben bei meiner Schwester. »Sentimental bist du nicht«, wurde mir vorgeworfen. Sentimentalität führte zu nichts, das hatte ich früh erfahren müssen. Dann kam 1918. Die Kapitulation. Der Kaiser ging, die Generale blieben. Mein Mann kam zurück, besuchte den Jungen, und da sah er, daß unser Sohn eine schwere Tuberkulose hatte. Was tun? Ich konnte nicht kranke Soldaten pflegen und mein eigenes Kind opfern. Es mußte sofort in eine Tuberkulosefürsorge. Als ich meinen Sohn holen wollte, war er schon tot. Meningitis.

Die künftige Hebamme, die im Laufe der Jahre Tausenden Kindern zum Leben verhelfen wird, hat nie wieder ein eigenes Kind.
Ein Jahr Krankenpflege lautet die Vorbedingung zur Aufnahme für den Hebammenlehrgang. In der Hasenheide pflegt Margarete gasvergiftete, verstümmelte, erblindete Soldaten. Mit ihnen durchlebt sie die Ereignisse der Novemberrevolution, das Kriegsende.

1920 besteht sie ihr Examen. Zwei Jahre ist sie Hebamme bei den Grauen Schwestern im Monikastift. »Zuflucht zur heiligen Monika« lautet die Adresse.

Margarete: Dort haben die Frauen der Reichen entbunden. Sie kamen aus Südende, Steglitz, Lichterfelde. Mit einem Teil des Geldes, das diese wohlhabenden Wöchnerinnen in die Kasse des Stiftes fließen ließen, wurden die Entbindungen der »gefallenen Mädchen« finanziert.
Ich erlebte Luxus und Elend in extremsten Formen.

Zwischen zwei Wehen, Atempause für Kindesmutter und Hebamme, steht Margarete am Fenster, sieht, wie ein Wagen vorfährt. Vierspännig. An den Türen der Droschke das Wappen der Familie. Der Kutscher in Livree in demütiger Erwartung seiner Herrschaft. Der Stammhalter im spitzenumfluteten Steckkissen, getragen von einer Amme, die Mutter, den Arm voller Blumen, gestützt von ihrem Gemahl, die Mutter Oberin folgt dem überschwenglichen Aufzug. So erlebt es Margarete tagein, tagaus.
Das tiefe Stöhnen einer Kreißenden ruft sie vom Fenster. Ihre ruhigen, freundlichen Anweisungen helfen dem erschöpften Mädchen über die Anstrengungen hinweg. Wenige Tage darauf steht es auf der Straße. Das Kind ist in einen langen Schal gewickelt, die junge Mutter weiß nicht wohin. Sie ist Dienstmädchen, war dem Sohn ihrer Herrschaft ausgeliefert, fristlos entlassen und der Lüge bezichtigt an dem Tag, da sie die UMSTÄNDE eingestehen mußte.

Margarete: So habe ich es erlebt. Immer wieder. Derselbe Anlaß, die Geburt eines Menschen, bringt der einen Mutter Glück, der anderen vertieft es ihr Elend. Ich habe begriffen, daß nicht menschliche Qualitäten einen Lebensverlauf so oder so bestimmen. Die Startplätze der Menschenkinder sind schon verteilt, bevor sie ihren ersten Schrei ausgestoßen haben. Das gab mir zu denken. Ich sprach mit den Müttern, den ledigen, den unglücklichen, denen der Kindersegen zum Fluch wurde. Ich fand heraus, daß neben der Armut die Unwissenheit die schlimmste Feindin dieser Frauen war.

Ich wollte ihnen helfen, ihre Lage zu verändern. Aber wie? Eines hatte ich kapiert: In diesem Hause, bei den Grauen Schwestern, konnte ich das nicht. Hier traf ich nur auf Ergebnisse der Verhältnisse, den Ursachen kam ich da nicht auf den Grund. Ich wollte den Frauen nicht nur Geburtshilfe leisten, sondern wollte Lebenshilfe geben. Also zog ich mit meinem Mann in den Wedding, den Berliner Bezirk mit der höchsten Bevölkerungsdichte, dem Arbeiterzentrum der Stadt.

Er verstellt ihr den Weg, als sie die Straße überqueren will. Jedermann in der Nachbarschaft kennt die Hebamme, ihre stets propere Tracht fällt auf in dieser Gegend, wo Grau die Farbe jeder Saison ist. Ungeduldig fordert der Mann, daß sie mit ihm kommen muß, mit seinem Mädchen ist was nicht in Ordnung. Margarete wehrt ab, ist auch nicht ausgerüstet für schnelle Hilfe. Er, hartnäckig, beharrt darauf, daß sie mit ihm geht.

Das Haus ist wie alle in dieser Gegend: ein Dach über Wohnlöchern. Zahllose Stufen, splittrig ihr Holz, führen vor seine Tür. In der Küche kein Feuer im Herd. Auf dem Tisch Dreifuß, Ahle, Rundnadeln, Zwirn, Wachsklumpen, honiggelb, die Ausrüstung eines Flickschusters. Mit einem Blick erkennt Margarete die Not. Er reißt die Tür auf zu einem Schlafgelaß, stumm weist er auf das Mädchen. Zerrauft, zerschlagen, aufgelöst von Angst und Schmerz, liegt es quer über dem Bett. Das Neugeborene, halb bedeckt von der Nachgeburt, hingestürzt auf Lumpen. Die Hebamme gibt Order, das Gas anzuzünden, Wasser zu sieden, befiehlt dem Kindesvater, ihre Tasche heranzuschaffen. Der Mann dreht sich ab, verschließt die Küchentür, den einzigen Ausgang, sagt: »Gas? Das ist abgestellt. Kein Geld für die Rechnung.«

Margarete heizt die Kochmaschine mit Pappe, Resten von Schuhsohlen. Kein reines Tuch, keine Windel, kein Jäckchen, nichts. Sie zieht ihren Kittel aus, reißt ihn in Streifen, nabelt das Kind ab. Das Ledermesser des Schusters ersetzt die Nabelschere. Eile tut not. In einer Eisenpfanne wird das Neugeborene mit dem dürftig erwärmten Wasser gesäubert, gewickelt in einige Fetzen vom Ammenkittel. Die leere Kohlenkiste wird zur Wiege. Eine Lage Zeitungspapier soll es wärmen.

Schweigend beobachtet der Mann Margarete. »Machen Sie's hin«, fordert er die Hebamme auf. »Wer will uns beweisen, daß es gelebt hat?« Margarete sieht ihn nur an. Dann weint er. Mit dem Gesicht zur Küchentür steht er und weint. Müde steigt Grete die Treppen der Kellerwohnung hinauf zur Straße. Die braune, bauchige Ledertasche fest im Griff, geht sie zwischen den steilen Häuserzeilen. Es ist nicht die Arbeit, die sie müde macht. Das Elend ist es, dem sie tagtäglich begegnet und dem sie nichts entgegenzusetzen hat als gute Worte oder den Verzicht aufs Hebegeld. Dunkel wird es, die Gaslaternen brennen nur vereinzelt, und die wenigen schicken ein trübes Licht.

Margarete: War es richtig, Frau L. nicht in die Klinik eingewiesen zu haben? Wird sie durchkommen? Wer gab mir das Recht, wer nahm mir die Entscheidung ab, daß ich das Leben von Frau B. dem von Frau L. vorgezogen habe? Zwei Einweisungen an einem Tag und drei Anträge auf Wochenbeihilfe – das hätte unweigerlich einen Krach mit dem Armenvorsteher nach sich gezogen. Auch er war nur Sachwalter, konnte unmöglich allen helfen.

So ging mir das damals ständig im Kopf herum. Ich mußte mir dann anhören, daß im Wedding 76 Hebammen amtierten. Hätte jede so wie ich entschieden, wäre das Jahreskontingent an einem Tag erschöpft gewesen. So mußte er sagen in seiner Position, der Herr Armenvorsteher.

Andere Gesetze würden gebraucht. Die staatlichen Mittel und Bestimmungen müßten dringend verändert werden. Ich hatte mir vorgenommen, in unserem Verband darüber zu sprechen.

Ort: Tagungsraum der Vereinigung Deutscher Hebammen.
Zeit: 1921.

1. Hebamme: Wir fordern eine gesetzliche Grundlage für die Wochenbeihilfe. Wir verlangen die Einrichtung von Eheberatungsstellen. Wir fordern feste Tarife. Schluß mit dem Bettelsystem!
2. Hebamme: Meine Herrschaften sind spendabel! Warum macht ihr euch zum Kuli in euren Armenbezirken? Ihr hattet die Wahl, wo ihr euch niederlassen wolltet, genau wie wir. Wenn ihr es vorzieht, Zichorie statt Sekt zum ersten Frühstück nach der Ent-

bindung zu trinken – eure Sache! Im ersten Badewasser meiner Kinder blinken nicht selten Goldstücke der Paten für die erfolgreiche Hebamme. Soll ich mir eurer Tarife wegen mein Geschäft verderben?!

1. Hebamme: Hier geht es um die Existenzgrundlage unserer Berufsgruppe und um die Durchführung einer vernünftigen Gesundheitspolitik im Interesse aller Frauen.

3. Hebamme: Uns muß daran liegen, die Klinikentbindungen für alle Frauen zu erreichen. Größere Sauberkeit, schnelle Hilfe bei Komplikationen für Mutter und Kind, bessere Pflege, Einrichtung von Muttermilchsammelstellen und vieles andere mehr ließe sich anführen, was unsere Forderungen stichhaltig macht.

Die Vereinigung deutscher Hebammen spaltet sich, und unter der Leitung des Vorstandes, zu dem auch Margarete gehört, konstituiert sich der Freie deutsche Hebammenbund.

Die immer umfangreicher werdende politische und soziale Aufklärungsarbeit zeigt Margarete bald die Grenzen ihres Wissens. Sie will und muß sich ein besseres Rüstzeug erwerben, um den Frauen helfen zu können bei ihrer Bewußtseinsbildung. Mütter, Hebammen, diese Überzeugung ist für Margarete »festsitzend«, haben entscheidenden Anteil an der Menschwerdung, sie müssen, über den Geburtsvorgang hinaus, sich entscheidend einsetzen für die ENTWICKLUNG des Menschen. Margarete will Fürsorgerin werden. Der Weg dorthin führt nur über die Pestalozzi-Fröbel-Frauenschule. Als einzige Volksschülerin, gewerkschaftlich und politisch organisiert, verheiratet, Mittdreißigerin, Hebamme im Dienst, ist sie ein absoluter Fremdkörper im Kreise der »höheren« Töchter. Aber Margarete nimmt auch diesen Kampf auf.

Margarete: Ich hatte tüchtig zu tun, damals. Am Tage habe ich gesellschaftliche Arbeiten gemacht, obwohl ich sehr müde war. Nachts war ich unterwegs, wurde zu Entbindungen gerufen. Zuerst galt es, Verhütung zu propagieren. Unterbrechung – soweit waren wir noch nicht. Damals sind die Frauen mit Stricknadeln und Metallgegenständen gegen sich vorgegangen. Die

Frauen waren so ungebildet, so trostlos unwissend. Also brauchte man Kräfte aus der Arbeiterklasse, die Einsicht und Wissen unter die Leute brachten. Und da bin ich auf den Gedanken gekommen, die Fürsorgeschule zu besuchen in Berlin-Schöneberg. Dort waren nur höhere Töchter. Die hatten ganz andere Grundlagen als ich. Abitur und Bildung von Hause aus. Ich mußte mir das Geld selbst verdienen. Das konnte ich nicht auch noch meinem Mann aufhalsen.

Um das Geld zusammenzubringen, arbeitet Margarete nachts als Aushilfshebamme in Krankenanstalten und Entbindungsheimen. Zwei Jahre Tag- und Nachtschicht. Endlich ist es geschafft. 1929 besteht sie das Fürsorge-Examen. Sie gibt Hinweise zur Schwangerschaftsverhütung, sie ist aktives Mitglied der Vereinigung zur Bekämpfung der Kindesmißhandlung, ihre Tätigkeit dehnt sich weiter aus auf die Alkoholikerfürsorge, sie arbeitet in der Eheberatung, ist Sachverständige beim Moabiter Schwurgericht. Sie liefert möglichst exakte Berichte für das Gericht von der sozialen Lage der Mütter, die wegen Fruchtabtreibung vor dem Richter stehen. Sie ist Sachverständige in allen Fällen, wo Hebammen Schwangerschaftsunterbrechungen eingeleitet haben, um das ohnehin uferlose Elend der Familie nicht zu vergrößern. Sie sieht junge Mütter verbluten, die aus Unkenntnis und Not zu verantwortungslosen Mitteln gegriffen haben. Sie weiß von Kolleginnen, die stets ein rasch wirkendes Gift bei sich tragen, um im Augenblick der Verhaftung wegen des Verstoßes gegen den Paragraphen 218 ihrem Leben ein Ende setzen zu können.
Krankenfürsorge, Gefangenenfürsorge, 2. Kreisleiterin im Arbeitersamariterbund, Tuberkulosenfürsorge. Arbeit, pausenlos, rastlos. Tagelang läuft sie von Amt zu Amt, um die Einweisung eines Kleinkindes in eine Tbc-Heilstätte zu erwirken. »Es sind sechs Kinder in der feuchten Wohnung! Sechs! Sie alle werden angesteckt, wenn das Kleine nicht sofort isoliert werden kann«, argumentiert Margarete, kämpft sie, will sie nicht lockerlassen. »Soll es mehr Milch trinken«, wehrt der Beamte unsicher ab. Er weiß wohl, daß dieses Argument zynisch klingt. »Milch? Es ist kaum Geld für Brot da.« Doch das denkt sie nur noch, erwidern kann sie nichts. Sie

kennt die Ohnmacht dieses »Fürsorgeapparates«, spürt ihre eigene Hilflosigkeit Tag für Tag und will doch nicht nachgeben. Fürsorge! Für wen kann sie Sorge tragen? Verantwortung übernehmen? Für wie viele Menschen kann ein Mensch Fürsorger sein?

Margarete: Es gab ja so viel, was reformbedürftig war. Und da bin ich eingestiegen. Obwohl ich unermüdlich arbeitete, bekam ich ein ganzes Jahr kein Gehalt. Ein Jahr mußte ich umsonst arbeiten, um die staatliche Anerkennung als Fürsorgerin zu erhalten. Ein Jahr! Vorwiegend arbeitete ich im Bezirk Wedding. Da gab es den Nordpark, in der Müllerstraße. Das war wie heute Plänterwald. Ein Belustigungspark. Treffpunkt der leichten Mädchen. »Rummelnutten« im Volksmund. Ich hatte ihre Gesundheit zu kontrollieren. Hatten sie sich angesteckt, wurden sie ins Frauenhaus in Reinickendorf eingewiesen. Auch das gehörte zur Fürsorgetätigkeit. Die Ansteckungsgefahr konnte ich oftmals beseitigen, nicht die Lebensumstände der Mädchen. Arbeitslosigkeit, Hungerlöhne, Obdachlosigkeit – das waren die Gesetzmäßigkeiten, denen meine Mädchen ausgeliefert waren. Die Merkblätter, die ich an sie zu verteilen hatte, konnten viele gar nicht lesen. Sie hatten niemals eine Schule von innen gesehen. Ich las sie ihnen vor und wurde verspottet dafür. Da hieß es in dem Kapitel »Maßregeln zur Verhütung von ansteckenden Geschlechtskrankheiten: Erstens. Es muß unbedingt den Männern der Beischlaf verweigert werden, deren Glied Merkmale von Geschlechtskrankheiten aufweist. Zweitens. Nach jedem Beischlaf sind die Geschlechtsteile mit Wasser von Zimmerwärme zu waschen und die Scheide auszuspritzen mittels Gummispritze oder Irrigator.«
Sie lachten mich einfach aus. Wie sollten sie auch solchen Vorschriften nachkommen! Auf'm Rummel! Sie hatten flüchtige Begegnungen hinter den Buden für eine Reichsmark, fünfzig Pfennige. Was bedeuteten da meine Versuche der Gesundheitskontrolle. »Sollte lieber mal eener kontrollieren, wie oft ich am Tach 'ne Stulle habe«, das wurde mir geantwortet. Was sollte ich dagegensetzen? Das konnte die Arbeiterfürsorge unmöglich alleine schaffen.

Elf Jahre dieser Tätigkeit im Bezirk, elf Jahre Sisyphusarbeit. Die Basis ist nicht gegeben, menschenwürdige Lebensbedingungen für alle zu schaffen. Margarete will zurück in ihren Hebammenberuf. Dieser Wunsch kommt dem ihres Mannes entgegen. Er will der aufreibenden, scheinbar ergebnislosen Tätigkeit seiner Grete nicht länger unwidersprochen zusehen. Gemeinsam suchen sie nach einem neuen Wohn- und Wirkungsgebiet.

Franz hatte die Ausbildung für ihren Hebammenberuf getragen, er hatte damit ihren persönlichen Lebensstandard verbessert – hoffte er. Nichts davon hatte sich bis zu diesem Zeitpunkt erfüllt. Sie geben also eine Annonce auf. Es kommen so viele Angebote, daß sie mit Bedacht wählen können.

Beide sitzen am Küchentisch. Die abgeschirmte Glühbirne wirft einen hellen Kreis auf das Wachstuch. Vor sich haben sie eine Karte von Berlin und Umgebung. In die verschiedenen Wahlbezirke hat Franz mit Rotstift säuberlich die letzten Wahlergebnisse eingetragen. »Zepernick«, entscheidet er. »Da gehen wir hin.« Margarete hat ihren Franz aufmerksam beobachtet und schnell herausgefunden, was ihn bewegt. Unter Gleichgesinnten wollte er wohnen! Zepernick hatte den höchsten roten Stimmanteil bei den Wahlen. Sie ist dankbar für seinen Entschluß. Zeigt er ihr doch, daß er nicht die Motive ihrer bisherigen Arbeit mißbilligt, sondern das andauernde Übermaß ihrer zermürbenden Tätigkeit.

Gemeinsam suchen sie ein Häuschen aus in Röntgenthal, Wohnzentrum des medizinischen Hilfspersonals von Buch. Dort erhofft sich das Ehepaar besonders freundliche Aufnahme. Die Hebamme stellt sich, wie das üblich war, bei den ansässigen Ärzten vor. Eisige Reaktion. »Ach, Sie sind die rote Hebamme vom Wedding!« Sie war signalisiert worden. Quittung für ihre Aufklärungsarbeit am Wedding. Kampfansage der Nationalsozialisten.

Margarete: Im August 1932 waren wir also nach Röntgenthal gezogen. Im November wurde ich bereits von der SPD für die Gemeindewahlen als Kandidatin aufgestellt. Die Nationalsozialisten hatten eine knappe Mehrheit errungen.
Ehe ich mich noch richtig als Hebamme hatte etablieren können, wurde gegen mich Berufsverbot ausgesprochen. Um einen Gesin-

nungswechsel bei Franz und mir zu erzwingen, haben sie meinen Mann aus seiner langjährigen Stellung in einer Berliner Großkonditorei entlassen.

Das Gesetz gegen Doppelverdiener tritt in Kraft. Viele Hebammen, deren Ehemänner berufstätig sind, müssen ihre Arbeit niederlegen. Margarete nutzt diesen Umstand, stellt erneut Arbeitsantrag, erhält ihre Zulassung als Hebamme.
Das Leitbild für die Mutterschaft der deutschen Frau wird entworfen, der Kindersegen für die deutsche Familie propagiert. Das Mutterkreuz in Gold, Silber und Bronze wird zum Lockmittel für Hitlers Ziele: Soldaten für das Heer, Menschen für die Besetzungsprojekte in den zu okkupierenden Gebieten.

Margarete: Ich hatte Arbeit im Überfluß. Franz wurde mir zum unentbehrlichen Helfer.
Er kaufte Verpflegung ein, Medikamente, versorgte die Mütter, die wir in unserem Hause aufgenommen hatten. Ledige Mütter zumeist. Und das kam so: Ich war bekannt in Berlin durch meine Fürsorgearbeit, also schickte man mir die Mütter, die nicht wußten, wohin mit sich und den Neugeborenen. Mütter mit und ohne Geld. Ich habe sie aufgenommen. Zehn Kinder haben Franz und ich großgezogen. Eines nach dem anderen. Manche sind bis zu ihrem 3. Lebensjahr bei uns gewesen. Dann starb mein Franz. Das war 1942. Da mußte ich die Kinder zurückgeben.

Von den Kindern in Margaretes Haushalt wußte außer den Müttern und dem Standesamt niemand. Margarete hoffte, Adoptiveltern zu finden für die Kleinen. Der Krieg hielt jedoch viele Menschen davon ab, ein Kind anzunehmen. Tiefflieger, Bombenangriffe, dadurch bewirkte Frühgeburten, Ärztemangel – die sich überstürzenden Ereignisse ließen Margarete wenig Raum, um ihren Franz zu trauern. Per Fahrrad, die schweren Hebammenkoffer rücklings festgeschnallt, radelt sie unermüdlich ihren großen Wirkungskreis ab.

Margarete: Trat ich ins Zimmer, entspannten sich zumeist die Gesichtszüge der Kreißenden, und auch der in Uniform hilflos dastehende Urlaubervater gewann wieder an Sicherheit. Dann rückte ich die Ehebetten auseinander, um bequemer Zugang zu haben zur werdenden Mutter. Ich verbreitete Klinikatmosphäre im Haushalt. Die Herztöne von Mutter und Kind wurden abgehört. In der Regel gab es Fliegeralarm. Während die Mutter tapfer mit den Wehen kämpfte, stopfte ich alle Federbetten als Splitterschutz in die Fenster. Die entstandene Dunkelheit verlangte Kerzenlicht. Die Angst vor dem Angriff erschwerte den Müttern den Geburtsprozeß. Es konnte geschehen, daß der Luftdruck einer Bombenexplosion Staub und Splitter in den Raum schleuderte, den Sockel abhob vom heißen Kachelofen und Ruß und Federn durch das Zimmer wirbelte. Während der künftige Kindesvater seine Frau in den Luftschutzkeller trug, habe ich nicht selten eine Stabbrandbombe aus dem Fenster geschleudert. Oben das Chaos, unten im Keller unerschütterliche Ruhe, gepaart mit der erforderlichen Strenge, um dem begreiflichen Schock der Kreißenden zu begegnen. War dann endlich das Kind geholt, heulten zumeist die Sirenen Entwarnung. Eine Wahnsinnszeit!

In der verwüsteten Wohnung stand der frischgebackene Vater in Uniform, den Sohn im Arm, der ihm zum Nachdenken verhalf darüber: Welchen Anteil hast du am Zustand der Welt?

Margarete radelt durch die Nacht. Vereinzelte Flakschüsse platzen in der Ferne, Häuser brennen, Sterbende und Tote werden geborgen, und sie fährt, um einen neuen Menschen zu holen. In diese Zeit, eine Zeit der Menschenvernichtung. Hat ihre Arbeit noch Sinn? Lohnt es sich, Leben zu erhalten, das eigene dafür einzusetzen?

In Margaretes Gartentor wartet eine Gestalt. »Frau, bitte kommen! Lager!« Eine Dolmetscherin aus dem nahe gelegenen Barackenlager, in dem nach Deutschland verschleppte Russinnen untergebracht sind.

Erschöpft lehnt Margarete an der kleinen Pforte. Angstvoll wartet die junge Russin auf ihre Antwort. Margarete setzt sich in Gang, sagt: »Ich komme.«

Margarete: Ich habe bei vielen Fremdarbeiterinnen Entbindungen gemacht. Die SS-Leute, die hätten es am liebsten gehabt, daß ich die Kinder im ersten Badewasser hätte ersaufen lassen. »Sorgen Sie mal dafür, daß wir die gar nicht erst als lebend eintragen müssen«, sagten die zu mir. Ich habe gedacht: »So seht ihr aus.« Es hat oftmals nicht viel gefehlt, und ich wäre erledigt worden.

Neben der Russin, das Fahrrad schiebend, geht die Hebamme. In dem Augenblick, wo sie die junge Frau im Dunkeln stehen sieht, weiß Margarete wieder, woran Stunden der Mutlosigkeit sie zweifeln lassen: Es ist sinnvoll zu helfen, sinnvoll, den Glauben an den Menschen zu stärken, die Kraft einer anderen, Bedürftigen, zu stützen. Zum Beispiel diese Frau, die neben ihr geht, nicht zu enttäuschen. Dazu die Hoffnung, nein, die Gewißheit, daß jedes neue Leben eine neue Möglichkeit zur Veränderung in sich trägt, zur Veränderung des Menschen und seiner Umwelt. Daran glaubt Margarete. Dafür lebt sie.
Im Lager hat der Alarm die Verschleppten in Splittergräben getrieben. Sicher im Bunker sitzt das Aufsichtspersonal. Kälte, Dunkelheit, die Angst vor den Bomben, das kommende Kind pressen den Leib der jungen Mutter. An die eiskalte Lehmwand gelehnt, steht sie und versucht, tapfer zu sein. Sorglich führen Amme und Dolmetscherin die Schwangere zurück in die Baracke. Ein eiserner Ofen wird mit Sägemehl gefüttert, ein starker Harzgeruch und wenig Wärme sind das Ergebnis. Zwei Holzbänke schieben sie dicht zusammen, schlingen Stricke zum Halt um die Bretter. Eine schwankende Lagerstatt, jedoch besser als die lehmige Wand. Die Fürsorge der Frauen festigt den Mut der ängstlichen Mutter. Die Ofenplatte glüht rot im Dunkel des Raumes, den nur das Mondlicht und ein Kerzenstummel notdürftig erhellen. Dann schreit die Mutter, schreit ihre Not, Verzweiflung, ihren Einspruch laut in die Nacht. Mit diesem Schrei kommt auch das Kind.

Margarete: Ich wurde dann vom sowjetischen Gesundheitskommissar eingesetzt für den Kreis Bernau. Man forderte mich auf, ein Entbindungsheim einzurichten. Frauen von Angehörigen der Sowjetarmee, Flüchtlinge, füllten schnell die kleine Station.
Ich investierte mein gesamtes kleines Vermögen in dieses Unternehmen, doch schon nach wenigen Monaten war es aufgezehrt.

Die Wucherpreise für Nahrungsmittel, der Mangel an Medikamenten, Wäsche, Heizmaterial und die ausgedehnten Stromsperren machten es mir unmöglich, Entbindungen durchzuführen und die Wöchnerinnen und Babys zu versorgen. Ein Entbindungsheim ohne öffentliche Zuwendung konnte nicht arbeitsfähig sein. Also beförderte ich die werdenden Mütter per Handwagen in die Klinik nach Buch. Dort hatte man, trotz des großen Mangels an Ärzten und Personal, die Arbeit fortgesetzt. Ich sorgte für meine Mütter, wenn ärztliche Hilfe not tat. Energisch.

Langsam, stetig wird das Gesundheitswesen aufgebaut. Vom ersten Tag an ist Margarete dabei. Noch herrschen Ruhr und Typhus, Unterernährung. Die Not der Flüchtlinge wird durch stetigen Familienzuwachs schrankenlos. Kommissionen für Schwangerschaftsunterbrechungen werden gebildet, um schnelle Hilfe für besonders harte Fälle zu ermöglichen. In den Ländern der sowjetischen Besatzungszone werden Frauen eingesetzt, welche den Aufbau einer qualifizierten Geburtshilfe organisieren sollen. Margarete wird Landesleiterin der Hebammen von Brandenburg. Hebammen helfen, Kinder zu holen. Was aber wird aus den Kindern, wenn ihre Mütter arbeiten müssen? Margarete fährt in die Betriebe, spricht mit den Werksleitern, agitiert mit Kenntnis und Humor dafür, daß Betriebskindergärten eingerichtet werden. Im Interesse der Produktion, im Interesse der Kinder und Mütter. In über 30 Kreisstädte fährt sie, sitzt mit Hamsterern in überfüllten Zügen, zwischen Taschen mit Hühnereiern, Mehlsäcken, Eimern voller Heringe, Kartoffeln in Koffern und Schinken unter weiten Röcken. Margarete sitzt da mit leichtem Gepäck. Sie hat ihre Tauschware im Kopf: Erfahrung, praktische Ratschläge, die sie eintauschen will für Bereitschaft, Zusammenarbeit. Das ist ihre Art, Wucher zu treiben.
Sie spricht öffentlich zum Thema Ehe, hilft Klarheit schaffen, wo Unkenntnis und falsche Scham den Frauen pausenlos Kinder bescheren. Krippen und Wochenstationen entstehen. Und wofür Margarete seit mehr als 30 Jahren gekämpft hat, das wird Gesetz: Die Rechte der Frau. 1950 tritt das GESETZ ÜBER DEN MUTTER- UND KINDERSCHUTZ UND DIE RECHTE DER FRAU in Kraft.

Margarete: In dieser Zeit heiratete ich wieder. Max, einen Flüchtling aus Danzig. Ich wurde Kreishebamme von Bernau. So konnte ich mithelfen, Schwangerenfürsorgestellen, Mütterberatungsstellen und Mütterheime einzurichten. Die vollständige Hospitalisierung der Geburtshilfe setzte den freien Hebammenberuf außer Kraft. Trotz der frei werdenden Kapazitäten blieb Hebamme ein Mangelberuf. Nachwuchs mußte ausgebildet werden. Auf Staatskosten. Stipendien und Berufskleidung eingeschlossen. Nach zweijähriger Ausbildung fanden die Absolventinnen in den Entbindungsstationen ein reiches Betätigungsfeld.

Langsam schlossen sich die Lücken. Trotzdem habe ich weiterhin ausgeholfen. Als »Springer«. Darunter stellte man sich gewiß einen jungen, agilen Menschen vor. Ich habe bis zu meinem 69. Lebensjahr im Kreißsaal gearbeitet. Ich wollte das so. Es war meine Überzeugung.

Die junge Mutter ist unruhig: »Verzeihen Sie, ist Ihre Kollegin nicht mehr hier? Ich meine die Storchentante. Die freundliche, ältere Hebamme. Sie hat auch meinen Thomas geholt, verstehen Sie. Bei ihr fühlte ich mich so sicher«, sagt sie zu der sehr jungen Geburtshelferin. Die steht da, Röte im Gesicht, weil es ihr wieder und wieder geschieht, daß man sie ablehnt, weil sie so jung ist. Sie sagt: »Das können Sie bei mir auch, sicher sein. Aber Schwester Margarete kommt zur Nachtschicht. Sie können beruhigt sein. Sie ist hier, wenn es darauf ankommt.«

Margarete betritt den Kreißsaal.

Die junge Hebamme kann sich einen Augenblick entspannen, während Margarete der tapfer pressenden Mutter wohltuende Hilfestellung gibt.

»Blond ist es, das sehe ich schon«, sagt Margarete.

»Blond?« preßt die Mutter hervor, »was wird mein Mann sagen, wir sind beide dunkelhaarig?« Ihr Lachen mißlingt. Die nächste Wehe setzt ein und Margarete kommandiert: »Noch einmal, feste! Dann ist es geschafft!«

Unter der Aufsicht der erfahrenen Kollegin nabelt die junge Hebamme jetzt geschickt das Kind ab, packt es und hält es unter das fließende, gut temperierte Wasser. »Es ist ein Mädchen!« sagt die Junge. »Ein Mädchen«, freut sich die Mutter.

Das Kind bekräftigt krähend: »Jaaaa-aaaah!«

»Ja«, sagt Margarete, »das war's« und verläßt den Kreißsaal.

Für ihr Lebenswerk wurde Margarete mit der Florence-Nightingale-Medaille ausgezeichnet.

Die Sittendirne

Weiber sind wertlose Ware.
Plautus

Im Treppenhaus eines typischen Berliner Mietshauses wabern Essensgerüche durch die Stockwerke. Hinter einer Tür ermuntert Zarah Leander lautstark, man sollte keineswegs »aus Liebe weinen«. Die Stiege hinauf geht Auguste Loewenthal mit Einkaufstasche, darin sind zwei Milchkannen. Ihr voran stürmt Nurmi, ein Dackelhund, die Stufen. Hoffnungsvoll bleibt er vor der Wohnungstür von Auguste stehen, schaut sie an, trappelt eindringlich mit den Pfoten. Freundlich, aber entschieden sagt ihm seine alte Freundin, daß sie lediglich die Tasche abstellen wird vor ihrer Tür, dann geht's eine Treppe höher, zum Herrchen, das schon wartet auf die Milch und seinen Hund. Ergeben fügt sich Nurmi den Beschlüssen und springt mit seinen kurzen Beinen ihr nach, den nächsten Treppenabsatz hinauf. Auguste klingelt an der Tür, auf welcher »Schulz« geschrieben steht, eingeritzt in ein blankes Messingschild. Schlurfen und Stampfen hinter der Tür, denn Opa Schulz geht an zwei Stützen, was ihn daran hindert, die Wohnung im 4. Stockwerk zu verlassen. Der Dackel wedelt seinem Herrn zwar freundlich zu, setzt sich jedoch demonstrativ neben die schwarzen Knöpfschuhe von Auguste.

Ob sein krummbeiniger Freund wieder ausgerissen wäre, hin zum Schulhof, will Schulz wissen. Es ist der übliche Dialog, Tag für Tag, zwischen den beiden Alten. Die Loewenthal bestätigt das, sie weiß, dem Tier fehlen die Kinder, mit denen es jahrelang getollt hat in den Pausen auf dem Schulhof. »Das war noch Leben«, seufzt Franz Schulz, der seine Aufgabe als Schuldiener gemeinsam mit dem Dackel »ordnungsgemäß durchgeführt« hat. »Frau Augusta«, wie er sie respektvoll nennt, hört freundlich zu und hängt indes die Milchkanne an den Türknauf.

Annette, das Mädchen aus der Wohnung unter Schulz, kommt die Stufen heraufgesprungen, kniet sich hin vor den Hund und knuddelt ihn. Auguste Sarah Loewenthal schickt »Nettchen«, wie sie das

Mädchen liebevoll nennt, in ihre Wohnküche, damit es schon mit den Schularbeiten beginnt. Die springt folgsam die Treppe wieder hinunter, der Dackel, lauthals kläffend über das vermeintlich schöne Spiel, hinter ihr her. Doch unnachgiebig jetzt ordert Franz Schulz den Freund an seine Seite. Ehe er die Tür hinter sich und dem Hund schließt, bittet er Frau Augusta noch um dieses dunkle Papier, das man jetzt nötig habe für die sogenannte Luftschutzübung. Obwohl er es eine unverständliche Maßnahme finde, habe man die Anweisung mit Sicherheit ernst zu nehmen. Zudem Tornow, der Hausverwalter und Mieteintreiber, gewiß die Befolgung des Aufrufs überwachen werde. Auguste will das Gewünschte besorgen und wird ihm behilflich sein, es anzubringen. »So hoch hinaus« könne Opa Schulz ohnehin nicht mehr, sagt sie mit Hintersinn und lacht. Dann geht sie mit dem Hinweis auf das wartende Nettchen, das täglich bei ihr Schularbeiten macht, während deren Eltern ihrer Arbeit nachgehen. Hinter der nun geschlossenen Tür von Schulz hört man den Dackel kratzen und winseln.

In ihrem Wohnraum angekommen, wo Annette am Küchentisch brav in ein Schulbuch guckt, packt Auguste Sarah Loewenthal die kargen Einkäufe aus. Etwas saure Milch wird aus der Kanne in einen Leinenbeutel geschüttet und über die Spüle zum Abtropfen gehängt. »Für Quark«, ist ihr Kommentar. Zwei Eier hat sie erworben, das wenige Brot kommt in den Steintopf. Es ist still in der kleinen Wohnküche. Nur der Kanari trällert in seinem Vogelhaus, das auf dem Fensterbrett steht neben einem Geranientopf. Gegenüber vom alten Korbstuhl, auf dem Auguste seit Jahrzehnten sitzt in ihren freien Stunden, sind Fotos von Artisten, handsigniert, auf die Wand gezwickt. Postkarten auch, von überall her. Weltweit, sozusagen. Dazwischen hängen Seidenschleifen, getrocknete Blumen, Programme und Premierenankündigungen des ›Plaza‹, einem weithin gerühmten Berliner Varieté.

Ob sie zurechtkomme mit den Hausaufgaben, will Auguste wissen. Annette nickt und kichert. Ihre Klassenlehrerin hätte den Spitznamen Frieda MÄCHTIG, weil sie so einen mächtigen Busen habe, gackert sie los. Und auf diesem Busen, ganz vorne auf der Spitze – Annette findet das besonders komisch – wogt seit diesem Tage ein Abzeichen. »MÄCHTIG«, prl, prust und kichert sie, »wie ein Schiff bei Seegang schlingert es.« »Du bist heute MÄCHTIG albern«, sagt die Loewenthal und will wissen, ob Annettes Mutter Strümpfe zum Stopfen mitgeschickt habe. Beiläufig, weil für sie unerheblich, weist Annette auf ein Körbchen. Auguste setzt sich auf ihren Lieblingsplatz, nimmt die Strümpfe aus dem Korb und findet darin ein Päckchen, aus dem sie fünfzig Reichspfennige wickelt. Annette schreibt, Auguste stopft, der Kanari hopst von einer Stange zur anderen und piepst seinen dünnen Ton. Friedlich ist es in der kleinen Wohnküche, Augustes ganzem Lebensraum. Plötzlich unterbricht Annette die Stille: »Das verstehe ich nicht«, sagt sie. »Lies vor«, wird sie von Oma Gustchen aufgefordert. Mühselig buchstabiert Annette den schwierigen Text: Ein Geisteskranker kostet täglich 4 Reichsmark, ein Krüppel 5,50 RM, ein Verbrecher 3,50 RM. In wieviel Fällen hat ein Beamter täglich nur etwa 4 Reichsmark, ein Angestellter kaum 3,50 RM, ein ungelernter Arbeiter keine 2 Reichsmark pro Kopf der Familie? –

Auguste kann den Sinn des Ganzen nicht gleich fassen. Sie greift nach dem Buch, liest die Überschrift der Aufgabe in Annettes Rechenbuch, 4. Klasse, Ausgabe von 1938: BERECHNUNG ÜBER DAS LEBENSUNWERTE LEBEN steht da geschrieben. Die Loewenthal liest es langsam, gründlich, und trotzdem hat sie ihre Schwierigkeiten mit dem Text. Sie kann »es« nicht fassen, nicht glauben, was da ahnungsvoll in ihr aufsteigt. Annette meint eben die Lösung des Rätsels gefunden zu haben: »Das ist überhaupt keine Rechenaufgabe, stimmt's, Oma Gustchen? Die das Buch gemacht haben, die haben sich verrechnet. Oder?« –

Verwirrt und ratlos hält Auguste das Buch. Annette nützt das sofort aus. Flink packt sie ihre Hefte ein, schnappt die Tasche und sagt verständnisvoll hin zu Oma Gustchen, daß die wohl auch nicht wüßte, was für eine Aufgabe das sei. Weg ist sie.

Wie in Trance steht Auguste Loewenthal inmitten ihrer Küche. Als wären Boden und Wände von ihr gewichen, ja selbst ihren Körper fühlt sie nicht mehr. Ein prägnantes Klopfzeichen holt sie in die Wirklichkeit, Berlin-Ost, Koppenstraße, 3. Stock, rechts, zurück. Sie greift zum Nudelholz, schlägt damit gegen das Wasserrohr, bestätigt so das Signal aus der Nachbarwohnung. Emmi Brieselang quirlt zur Tür herein. Sie ist jung, hübsch, gutartig, nicht sehr gescheit, aber für Auguste Loewenthal bedeutet sie täglich ein bißchen Sonnenschein. Emmi »bringt Leben in die Bude«, wie sie selber sagt. Emmis langes blondes Haar ist tropfnaß. Sie hat eine Schachtel mit Lockenwicklern dabei, die sie jetzt vor Auguste abstellt. Zielstrebig schiebt sie einen Küchenstuhl zurecht, dreht das Radio an, kurzum: Sie bewegt sich deutlich heimisch. Emmi setzt sich auf den Stuhl, hin vor ihr Oma Justchen und läßt sich von ihr die Haarsträhnen wikkeln. Das Zusammenwirken scheint erprobt. Wie ein Wasserfall prasselt Emmi jetzt ihre Neuigkeiten auf die Nachbarin nieder. Daß sie total aus dem Häuschen sei, daß da seit Tagen so ein unheimlich Flotter an ihrer Kinokasse auftauche. Typ etwa so: Uffjenordeter Harry Piel, wenn Oma Justchen sich erinnern würde? Also, so eener. Jenau die Augen und so. Bis in ihr Innerstet jinge der Blick von IHM! Erst habe sie gedacht, sagt Emmi, der sei in Jenny Jugo verschossen, weil er und komme immer, wo doch die Schnulze jrade liefe in ihren Etablissemang. Abend für Abend komme der und würde sie angucken, aber sie habe gedacht, der kiekt immer so, und habe sich nischt weiter dabei ausjerechnet. Nu aber. Heute! »Und schön is der! Dazu die Uniform! Oma Justchen, authentisch, der Mann is überwältejend, da macht sich unsereins«, sagt Emmi, »keine Illusion.«

Die Loewenthal erhebt Einspruch. Emmi hätte keinen Grund, sich klein zu machen. Sie sei hübsch, rechtschaffen, und lieb sei sie, vor allem das. Warum sollte nicht jeder junge Mann so ein Mädchen wollen? – Emmi weiß schon, warum sie sich nischt ausrechnet. Det Leichte sei bei ihr vorherrschend. Leicht sei sie von Natur, und das würde ihr bestimmt auf der Nasenspitze jeschrieben stehen. »Oder etwa nich?« Wieder hält die Loewenthal Emmi entgegen, daß sie durchaus Ansprüche stellen könne. Sie solle sich ja nicht verplempern. Das habe sie gewiß nicht nötig. Punktum. Aber Emmi weiß es besser, sie kennt sich gut. »Zu jut.« Und da liegt der Hund bei ihr begraben. Bei ihr hat's »jeschnappt«. Bei dem letzten, der Vorführer war in ihrem Kintopp. »Nu isser weg. Sonderkommando. Wer weiß wo. Und ausjerechnet passiert mir so was, wo der eine kommt, der Mann wie aus'm Traum, der mir vielleicht – und holt mir raus aus'm Dreck.« Dabei stecke sie schon tief drin. Das alles sagt Emmi, schnüffelt ein bißchen Rührung und Kummer und ist doch gewiß, daß es »so« mit ihr kommen mußte. Zu Emmis größter Überraschung sagt Oma Justchen jetzt, daß sie abwarten solle, dem schönen Kerl doch nicht gleich alles auf die Nase binden müsse, was mit ihr los sei. Da ist Emmi platt. Sie staunt über ihr »liebet ollet Oma Justchen«, die denkt wie Emmi eigentlich auch, aber – das weiß Emmi – man nicht denken sollte. »Sie wollen mir bloß trösten, wa?« vermutet sie und will lediglich genau wissen, wie ihre Nachbarin und Vertraute das meint. Die bleibt bei ihrer Ansicht, und sofort segelt Emmi ab auf ihrem Traumschiff, gerät, von Auguste bestärkt, ins Schwärmen und Hoffen.

Daß der Kerl sie jedenfalls an diesem Abend, sobald Emmi ihre Abrechnung gemacht haben wird, abhole. »Denn kommt er, hat er jesacht un wartet, jawoll! Und denn jehn wir bummeln. Linden, Friedrichstraße, Leipzijer, Potsdamer Platz! Haaach«, seufzt Emmi, »was soll ich nur anziehen?« Auch da weiß Oma Gustchen Rat und will nun aber genau wissen, was für eine Uniform der Mann aus Emmis Träumen trägt. WIE sieht die aus? – Emmi beschreibt sie: »Schwarz und an der Mütze einen Totenkopf. Eben todschick und sahrenhaft jruselich!« – Sie möge sich nur nicht von blanken Knöpfen verleiten lassen, ist die stille Reaktion der Loewenthal. Doch Emmi ist jetzt ganz sicher. Sie passe gewiß auf, der sei, authentisch, so süß, einfach himmlisch und dazu korrekt. Wirklich Kavalier bis auf die Knochen und: »Nüscht is mit Fummelversuchen und so.« – Als die Loewenthal jetzt nach dem Beruf fragt von Emmis Himmelsstürmer, weiß diese nichts darüber zu sagen. »So intim sind wir nu ooch wieder nich«, meint sie und stellt sich vor, was wäre, wenn Hans-Herbert echt anbeißen würde. Nicht zu fassen! Dann fingert sie zwei Billette aus der Kittelschürzentasche, legt sie auf Oma Justchens Küchentisch und fordert sie auf, doch wenigstens einmal wieder ins Kino zu gehen. Die Loewenthal schüttelt abwehrend den Kopf. Sie fürchtet, man würde ihr DAS anmerken, und sie will das Gesetz nicht übertreten. Emmi protestiert. Schließlich sitzt sie an der Kasse, und der Krüger hat Abrißdienst, da könne nischt, jar nischt passieren. Wortlos schiebt Auguste die Kinokarte hin zu Emmi. Die argumentiert, daß der Schreckschuß gegen die Juden nur für die Reichen gewesen sei, authentisch nicht »jejen sone« wie Oma Justchen. »Was sollten die Braunen wohl gegen 'ne olle Frau haben, lächerlich«, sagt sie und meint das so. »Nich mal 'n bißchen Schmuck in der Schublade, der sich abzuliefern lohnte«, bekräftigt Emmi ihren Einspruch. Staunend sieht die Loewenthal genauer in das Gesicht ihrer hübschen jungen Nachbarin und fragt sich, woher sie das wissen könne, das mit dem Schmuck? Nachfragen aber, nachfragen würde sie nicht. Niemals.

Kurz und trocken wird an die Tür geklopft, und ohne Aufforderung tritt Tornow ein. Tornow trägt SA-Uniform. Er stellt ein Zigarrenkistchen auf den Küchentisch, legt ein Oktavheft daneben, verlangt lakonisch die Miete.

Während die Loewenthal ihr Geld aus der Börse auf den Tisch stürzt und mühselig die Summe zusammenklaubt, mustert Tornow eindringlich jeden Gegenstand in der Küche. Das Essen, den Leuchter, den Stapel mit ›Jüdischen Nachrichten‹. Emmi trällert derweil dezent zur Radiomusik. Wie ihr nun Tornows Sprachlosigkeit zu ausgedehnt erscheint, wendet sie sich seinem Uniformrock zu und vermeldet der Loewenthal, daß die Abzeichen »jenau so wie bei denen mit schwarzer Uniform sind. Authentisch!« Jetzt wird Tornow gesprächig. Auch zeigt er sich entzückt von Emmis Verständigkeit speziell in dieser Sache. Daß das Fräulein Brieselang sich so gut auskenne! Und eilfertig erläutert er ihr die Unterschiede, die es eben doch gebe. Die Standartennummer werde bei der SA auf dem rechten Spiegel des Kragens getragen, der linke Unterarm mit dem Sturmbannstreifen weise die Sturmnummer aus. »So ist das. Jawoll!« – Still steht Auguste und verfolgt das Gespräch. Jetzt betrachtet Tornow das Geld vor sich, da auf dem Küchentisch. Entschieden schiebt er einen Teil der Summe zurück, hin zu der Loewenthal. Verständnislos verfolgt die den Vorgang. Tornow erläutert die ungewöhnliche Maßnahme. Wie beiläufig, trotzdem entschlossen, teilt er der Mieterin Loewenthal die Kündigung des Hausbesitzers zum Monatsletzten mit. Da sie im voraus zahle, heute der 10.6.1939 sei, mache das nach Adam Riese 7,66 RM. Das Ganze würde schriftlich nachgereicht, sagt er noch und: »Der Rest ist für den Umzug«, grinst er und schiebt noch einmal, wenige Zentimeter, an den Pfennigen und Märkern, die retour gehen sollen. Auguste steht wie angewurzelt. Die Sonne scheint in die Küche. Der Kanari singt. Die Uhr pendelt gleichmütig die Zeit herunter. Nur Emmi hat es das Singen und Sagen verschlagen. Und weil ihr Oma Gustchen wie aus der Zeit gefallen wirkt, verteidigt Emmi jetzt heftig deren Position. »Das können Sie doch nich machen, Tornow, das is 'ne alte Frau, die wohnt hier schon so lange, wie ick denken kann, die stört doch keine Menschenseele!« So redet sie, appelliert sie, müht sie sich um ihre Nachbarin. Tornow ist nicht zu erschüttern. Er brauche die Wohnung. Am 30. sei Ultimo. Basta. – Jetzt ist Emmi kämpferisch gestimmt und fragt aufmüpfig nach dem Mieterschutz, dem gesetzlichen. Tornow starrt nur auf die Loewenthal. Ein wenig gleicht er jetzt einem Alligator, wie er da starrt und reglos steht. So sicher seiner verderblichen Kraft, daß er nicht einmal laut werden muß. – »Für Juden aufgehoben. Das ist gesetzlich. Seit April.« Es ist Auguste selbst, die das sagt und so auf Emmis Einspruch reagiert. Die ist nur noch wütend und zischt hin zu Tornow, daß er sich ja mächtig beeilt habe, seinem Führer alles recht zu machen. Der klappt nur gelassen seine Zigarrenkiste zu und sondert locker, aber durchaus gezielt den Satz ab: »Vorsicht, Fräulein Brieselang. Zurückhaltung ist empfohlen. In den nächsten Tagen werde ich die Vorkehrungen für die Luftschutzübungen prüfen. Heil Hitler!« Sagt das, knallt die Hacken seiner Stiefel stramm gegeneinander, reißt seinen rechten Arm gestreckt in den Raum und verschwindet. Spukhaft beinahe. Aber so ist das nicht. Die Restsumme Geld glänzt auf dem Tisch, ein Sonnenstrahl bringt sie zum Blinken. »Dreckskerl!« Emmis Kommentar läßt keinen Zweifel aufkommen über ihre Meinung. Sie sieht auf die Uhr, ist authentisch in Zeitnot und beschließt, mit einem Tuch die gewickelten Locken zu verbergen, damit sie ihren Dienstantritt nicht verpasse tut. Eilig flutet sie über Oma Justchen hin, daß sie sich kümmern würde um eine Untermiete. Alles würde gut werden, und »Bangemachen jüldet nich«. Die Freikarten fürs Kino wird sie dem Dunkelmann Tornow schenken. »Wenn er och 'n ollet Ekel is, er is am Drücker und mit so was muß man sich jut stellen, das Leben is ehmt so. Heil, Oma Loewenthal«, versucht sie zu scherzen und flitzt aus der Küche. Im Flur, vor Augustes Tür, sitzt Nurmi, der Dackel. »Blöde Töle«, schimpft Emmi und schiebt ihn rigoros mit ihrem hübschen Pantoffel zur Seite.

Von oben ruft Herr Schulz, der seine Tür für Tornow, den Mietkassierer, geöffnet hatte, ob Nurmi der Schlawiner schon wieder unten bei Frau Augusta sei? Die Loewenthal tritt vor die Tür, sieht die beiden Männer, zögert einen Moment, dann sagt sie, daß sie spazierengehen wolle mit dem Hund, und freundlich winkt der Schulz zu ihr hin, stampft dann, gemeinsam mit Tornow, zurück in seine Wohnung.

Die Straße entlang, Richtung Schlesischen Bahnhof, geht Auguste, den Dackel dicht an ihrer Seite. Für einen Augenblick verharrt sie am Blumenstand, ist versunken im Anblick der Rosen, Nelken und Vergißmeinnicht. Die Loewenthal nickt der Blumenfrau freundlich zu, dann befördert der Hund sie weiter, hin zu Betty. Die hat auf der Höhe der Gepäckabfertigung ihren Standort bezogen, da, wo die Droschkenkutscher stehen. Dicke Betty hat stets einen Bissen für den »Hundesohn«, wie sie ihn nennt und ein gutes Wort für die Loewenthal. Betty geht auf den Strich. »In Ihrem Alter! Das ist hart!« hatte Auguste einmal mitleidsvoll zu ihr gesagt. Das hat Dicke Betty nicht vergessen. Seither wechseln die Frauen hin und wieder ein Wort. »Heute looft nischt«, sagte Betty eben zu Auguste, »bei die Hitze kann keener.« Verständnisvoll nickt ihr Auguste zu und geht ihre Runde. Vor Graubeners Lokal bleibt sie stehen, studiert die Speisekarte. Gegen diesen Aufenthalt hat Nurmi, der Dackel, keine Einwände, denn aus der Tür quellen köstliche Düfte. Die Loewenthal zögert. »Wieder 'mal Eisbein, das wär was, gell, mein Hund?« An ihnen vorbei, hinein ins Lokal, geht Schmoll. Tief zieht der junge Mann seinen Hut vor der alten Frau. Irritiert, doch aufmerksam, grüßt Auguste den bemerkenswerten Herrn. Dann dackeln sie weiter, Nurmi und Auguste. Gezielt hin zu einem Haus, dessen Fassade ein Zeitungskasten »ziert«. Der ›Stürmer‹ ist hier regelmäßig ausgehängt, und dito regelmäßig liest Auguste Sarah Loewenthal seine Schlagzeilen. SCHLAG – Zeilen. Wie wahr, denkt Auguste, und betrachtet die Nr. 22 aus Nürnberg vom Juni 1939 des Deutschen Wochenblattes zum Kampf um die Wahrheit. »Wessen Wahrheit?« fragt sich die Loewenthal. Der Herausgeber ist Julius Streicher. An diesem Tag hat er folgendes fett drucken lassen: »Die Juden sind unser Unglück! Können heute Juden Hausgenossen von Nichtjuden sein?« Bei dieser Überschrift der Seite 5 rückt Auguste näher an den Lesekasten. »Deutsche Volksgenossen«, steht da geschrieben, »seht ihr jetzt endlich, daß die jüdische Rasse vom Teufel kommt und daher kein Mitleid verdient? Seht ihr jetzt ein, daß unser Kampf rücksichtslos bis zum Ende geführt werden muß?« Der Hund zerrt an der Leine. Gedankenschwer, ohne Aufmerksamkeit für ihre Umwelt, strebt Auguste ihrer Wohnküche zu. Nur noch wenige Tage bis Ultimo. Was dann?

Im Treppenhaus trifft sie auf Tornows Frau. Entschlossen geht sie auf sie zu, grüßt sie besonders freundlich und erlaubt sich, Frau Tornow zu fragen, ob sie die Kündigung ihrer Wohnung vielleicht so zu verstehen habe, daß die Familie Tornow sie nötig hätte für ihren Neffen, von dessen Zuzug nach Berlin erst kürzlich die Rede war? »Oder sind es doch andere Gründe?« Frau Tornow sieht mit einem Reptilienblick, vergleichbar dem ihres Mannes am Nachmittag in Augustes Küche, auf die kleine Figur der Alten, und ohne sie einer Antwort zu würdigen, trompetet, ja zetert sie durchs Treppenhaus: »Alfons! Alfons! Wo bleibst du denn?! Wir versäumen noch die Wochenschau!« Auguste Loewenthal ist Luft für die Tornow. Der Hund kläfft hin zu der, die so krakeelt. Auguste steht mit hängenden Schultern, sie weiß nicht, wie sie aus dieser demütigenden Situation herauskommen soll. Sie schleicht die Treppe hinauf, von der her ihr Tornow elastisch entgegenkommt. Im Vorübergehen ruft er ihr zu: »Die Mieter unter ihnen beschweren sich! Aufreizendes, absichtliches Möbelrücken, verdächtiges, nächtliches Treiben! Das haut ja vor und zurück, was!« So sein flotter Kommentar. Das Treppensteigen fällt Auguste schwer an diesem Tag. Aus der Wohnung von Frau Zickelbein, der mit der Beschwerde, dröhnt es unüberhörbar: »Es zittern die morschen Knochen!« Die Zickelbein, die hingebungsvoll ihr Messingschild putzt, erwidert nicht den scheuen Gruß Augustes. Oben wartet bereits Opa Schulz an der Wohnungstür. Nurmis Kläffen war unüberhörbar. Auguste übergibt ihm das Tier, die Leine. Sie ist kraftlos, ganz ohne ihr freundliches Leuchten, das sie so liebenswert gemacht hat für andere Menschen. »Bis morgen dann«, ist alles, was sie herausbringt. Überraschend sagt Schulz, daß von nun an Annette mit dem Hund Gassi gehen würde, weil Frau Loewenthal – »Frau Loewenthal« sagt er, nicht mehr »Frau Augusta« –, weil sie ja ohnehin ausziehen würde. »Aber bis dahin –«, entgegnet sie. Doch Schulz, feige jetzt, hinschielend zu der immer noch ihr Schild glänzernden Zickelbein, blockt jede Gemeinsamkeit zwischen sich und der Loewenthal ab. »Tornow sagt: Juden raus. Juden und Kommunisten«, erklärt er geniert sein Verhalten. »Ich kann mich nicht vor Sie stellen, Frau Loewenthal. Ich doch nicht. Tornow sagt, wenn ich das tue, darf ich den Hund nicht mehr in der Wohnung halten.« Auguste steht vor ihm, sieht ihn nur an, regungslos. »Verstehen Sie das doch«, schimpft Schulz jetzt und wirft die Tür hinter sich zu. Drinnen winselt der Dackel. Vor der Tür von Emmi bleibt Auguste stehen, leise trommelt sie ihr Zeichen gegen das Holz. Nichts. Sie wußte ja, daß Emmi nicht da ist. Doch Auguste hofft auf ein Wunder. Nur Wunder können ihr noch helfen.

Im Dämmerlicht des Abends sitzt sie dann am Küchenfenster, im knarrenden Korbstuhl, neben sich Pepi, den Kanari, der unruhig hin und her hüpft. Das Tier spürt: Außerordentliches geht vor im Leben der Freundin. Der kleine Vogel zeigt seine Anteilnahme, und Auguste teilt sich ihm mit. »Kleinmachen, dachte ich, hilft. Wer bin ich schon, daß ich ein Dorn sein könnte im Auge von irgendwem? Dachte ich. Denk dir nur, Pepi, ich rücke nachts Möbel in unserer Küche! Das ist nun wirklich komisch.« Trotz ihrer trostlosen Stimmung muß Auguste über die absurde Beschuldigung lachen. Die Küchenuhr schlägt ihren hellen, eiligen Ton und lenkt Auguste für einen flüchtigen, schönen Moment ab von den sie bedrängenden Gedanken. »Jetzt ist bald Einlaß im ›*Plaza*‹. Das waren Zeiten! Goldene Zeiten, Pepi. Viele Besucher kannte ich natürlich. Guten Abend, Herr Rat. Na, Herr Doktor, auch mal wieder da? Und die gnädige Frau? Migräne? Ja, dann –. So, so, das Ballett hat Ihnen besonders gefallen? Ja, das Ballett, Herr Assessor, ich weiß, ich weiß.«

Hart klopft es an Augustes Tür. »Um diese Zeit?« sagt ihr Blick. Sie öffnet. Zwei Polizisten treten ein und stellen sich vor, sagen, daß sie vom 88. Polizeirevier kämen und fragen die Loewenthal, sie hört das tatsächlich sagen: »Sie sind die Prostituierte Auguste Sarah Loewenthal?« Auguste muß sich setzen, so hart, als hätte man ihr die Beine weggezogen. Es läge gegen sie eine Anzeige wegen gewerbsmäßiger Unzucht vor. Dies wird ihr von dem Dicken, Rotgesichtigen, mitgeteilt. Der andere, so ein Narbiger, geht inzwischen umher und notiert die Einzelheiten. Die Postkarten aus aller Welt, den Kanarienvogel, das Körbchen mit den Stopfstrümpfen. In diesem Augenblick entschließt sich Auguste, das Ganze so zu nehmen, wie es eigentlich ist: komisch, grotesk, einfach albern. Amüsiertes Lachen kullert aus ihr. Sie wirft ihren schmächtigen Leib vornüber und lacht, schüttet ihren Schreck aus sich, befreit sich so von ihm. Zudem beschließt sie, das zu sein, was sie ist. Ein Mensch. Eine Frau. Eine alte Frau, die in Ehren grau geworden ist, wie man so sagt, und so wird sie denen jetzt auch entgegentreten. »Denk dir nur, Pepi, ich bin ein Flittchen mit Männerkundschaft!« Und wieder lacht sie, beinahe fröhlich, weil sie das nun kann, wo ihr Entschluß gefaßt ist. Ja. Der schlagflüssig Ausschauende zischt sogleich zurück, daß sie wohl wenig Freude hätte daran, würde sie ausfallend werden. »OMA«, fügt er seiner Rede noch hinzu. »Sie sagen es, OMA«, bestätigt ihm vergnügt Auguste. »Sehen Sie sich um. Es ist eine lächerliche Beschuldigung. Sie wissen das. Eine ganz beschränkte Bosheit. Ich glaube, in Ihrer Sprache heißt das UNTERSTELLUNG.« Unzufrieden tauschen die Polizisten Blicke miteinander, plazieren sich, ungebeten, auf den Küchenstühlen und beginnen ihr Verhör. Wovon die Loewenthal ihren Lebensunterhalt bestreite, wollen sie wissen. Das ›Plaza‹ lassen sie nicht gelten, das ist Vergangenheit, soviel haben sie schon herausgefunden. Auguste erzählt von zwei Putzstellen, die sie hat. Eine bei Jakobus, Krautstraße, die andere bei Ria Rauch, Münchebergerstraße. Die Rauch, die kenne sie schon vom ›Plaza‹ her. Sie ist dort Artistin, deswegen putze sie bei ihr, während Frau Rauch zur Vorstellung sei, dann seien ihre Hunde nicht im Wege. Frau Rauch hat eine Hundenummer. Internationale Attraktion! Ja. Zu beiden Parteien gehe sie einmal wöchentlich. »Und wenn Sie dann nachts von der Rauch kommen, bringen Sie sich einen Kerl von der Straße mit, was?!« So wird ihr streng entgegengehalten. Jetzt ist die Loewenthal zornig. Furchtlos verbittet sie sich, beleidigt zu werden. »Sie könnten mein Sohn sein, junger Mann«, macht sie ihm seine Grenzüberschreitung deutlich. Penibel wird sie nach der Höhe ihrer Einnahmen befragt, und umständlich rechnen die Blauen ihr vor, daß von der erzielten Summe kein Mensch leben könne. Auguste sagt: »Ich schon.« Und verweigert von nun an das Gespräch. »Na, dann laden wir Sie eben aufs Revier, Frauchen. Mit talmudischer Gerissenheit laufen Sie bei uns voll auf, klar?« Sie nikken ihr zu, stellen die Küchenstühle sehr korrekt zurück an ihre Plätze, tippen an die blanken Helme, gehen. Schwäche überkommt die kleine, alte Dame, doch sie ist entschlossen, sie zu ignorieren. Flink greift sie zu ihrem gehäkelten Schultertuch, hängt es sich um, nimmt ihre Wachstuchtasche und verläßt die Wohnung.

In der Garderobe von Ria Rauch, die in bunter Fülle vor dem Schminktisch sitzt, hat Auguste eben die Erlebnisse des Tages vorgetragen. Rias Dressurhunde wuseln begeistert um ihre Füße. Man kennt sich, sozusagen. Erwartungsvoll schaut Auguste auf Ria. Was wird sie sagen zu so ungeheuerlicher Kunde? Und ob sie Ria nicht nervös gemacht habe, so kurz vor deren Auftritt? Auch darum sorgt sich Auguste, denn schließlich weiß sie um das Lampenfieber von Künstlern, lange genug war sie »beim Bau«. Ria ist ganz gelassen. Sie ist nicht mehr die große Attraktion. Das ist vorbei. Jetzt ist sie die Nummer nach der Pause. Gut genug, Ruhe in den Laden zu bringen. Für eine Zugnummer bin ich »zu reif«, sagt sie und seufzt ein wenig. »Die Hunde sind possierlich, und so wirke ich wohl auch«, spottet sie über sich selbst. »Schwamm drüber.« Ria schaut auf Auguste, wie sie da vor ihr sitzt. Eine Mischung aus Trotz und tiefen Ängsten. »Wenn sie mich fragen, die Scheißbullen, ich leiste jeden Eid für dich, das kannst du wissen, Gusti. Sage mir genau, was ich beschwören soll. Ich tu's.« Irritiert sieht die Loewenthal auf ihre Freundin. »Na, daß ich abends bei dir putze bis in die Nacht hinein. Was sonst?!« – »Sonst nichts?« Ria versteht die Gusti nicht. »Ja, hast du denn wirklich nichts zu verbergen? Ich dachte tatsächlich, du hättest vielleicht – diesen oder jenen mit auf Bude – könnte doch sein oder?« – Die Loewenthal ist total verblüfft, dann bricht sie in ein unbändiges Lachen aus, daß ihr die Ria »so was« zutraue! So herzhaft ist der Lachsturm, daß Ria mitgewirbelt wird und ihr vor Vergnügen die Augenschminke über die Wangen läuft. »Heiliger Bimbam!« sagt sie, »von mir aus kannst du einen Puff betreiben. Ich denke, das geht nur dich was an. Ist doch dein Leben! Warum solltest du nicht dein Geld mit 'ner Absteige –! Lache oder heule. Such dir's selber aus. Was man deinen Leuten zumutet, ist infam, ganz zu schweigen, was sie in den ›Kazets‹ machen, diese Peiniger. Jeder, der eine andere Vorstellung davon hat, wie dieses Land beschaffen sein sollte, wird eingesperrt. Wer sich bekennt gegen Nazis, bekennt, ohne Mord und Totschlag leben zu wollen, der wird gequält, so lange, bis er Ruhe gibt. So oder so. Ach, Gusti.«

Staunend hört sich die Loewenthal den Ausbruch ihrer Freundin an. Ja, so sei das wohl, aber das habe nun ganz sicher nichts mit ihr zu tun. Daß die Nazis an das Geld reicher Juden wollen, das habe sie verstanden, daß die sich fürchten vor den Juden mit Köpfchen – auch das könne sie nachvollziehen. »Aber ich, ich bin nichts, habe nichts, nichts.« Ria räumt ein, daß sie nicht viel verstehe von Politik und keinen guten Beistand geben könne in der Lage, in die Gusti plötzlich versetzt worden sei, aber soviel sei klar: Gusti müsse sich aus dem Schußfeld von denen nehmen. Am sichersten wäre sie aufgehoben in einem Altersheim, einem jüdischen. »Wenn du in Deutschland bleiben willst und du keine Arbeit, keine Wohnung nachweisen kannst, mußt du in ein Altersheim deiner Konfession gehen, das ist unabwendbar.« Verzagt und wenig überzeugt sitzt Auguste auf dem Stuhl. Ria tröstet sie, ist bereit zu helfen. Sie habe weltweit gelernt, mit Behörden umzugehen, sie wird ihre alte Freundin begleiten, und mit orthodoxen Juden, meint sie, sei gewiß zu reden wie mit jedermann. Die heftige Zuwendung von Ria macht Auguste glücklich, verlegen auch. Sie muß ihr nun eingestehen, daß sie vollkommen mittellos ist und nicht bereit, um Almosen an die jüdische Gemeinde heranzutreten, deren Mitglied sie doch nur durch Herkunft sei, nicht aus Glaubensgründen. Der Lautsprecher knackt, das laufende Programm ist zu hören mit Tusch, Applaus und Bravorufen. Ria bessert ihre Maske aus, die Loewenthal greift nach der Handtasche, tätschelt die Hunde und bedankt sich bei Ria. Sie müsse jetzt eiligst zu Jakobus und ihn in Kenntnis setzen vom zu erwartenden Auftauchen der Polizei. »Es könnte sein Tod sein, wenn die urplötzlich vor seiner Tür stehen und er weiß nicht, warum«, sagt Auguste. »Der kippt sowieso um, damit mußt du rechnen«, entgegnet Ria unsentimental. »Der Mann ist fertig, seit sie ihn zusammengeschlagen haben. Und die Polizei macht sich nichts aus 'ner Aussage von 'nem Juden. Ist doch so.«

»Frau Rauch! Frau Rauch, bitte auf die Bühne, Ihr Auftritt!« schnarrt es jetzt aus dem Lautsprecher, und wie verabredet, gleichzeitig mit ihrem Frauchen, springen die Hunde auf und wedeln freudig ihrem Auftritt entgegen. »Der Jakobus«, das ist die feste Meinung von Auguste, »wenn du das denkst, der ist nicht schwach, und janusköpfig ist er auch nicht«, verteidigt sie ihn. Liebevoll küßt Ria ihre Gusti und rauscht dann mit ihrem unangemessen jugendlichen Kostüm und etlichen schicken Hundepeitschen hinaus und hin zur Bühne.

Bei Jakobus, runder Tisch und Kerzenschein, herrscht Stille zwischen ihm und der Bittstellerin Auguste Sarah Loewenthal. Dann bricht er das Schweigen, hat nachgedacht, meditiert über seine Einsicht, daß er schließlich lediglich die Wahrheit zu bekennen habe, nichts als die Wahrheit, dies sei Menschenpflicht und geschehe durchaus nicht nur aus Dankbarkeit gegenüber Frau Loewenthal. – So und nicht anders hatte es Auguste von ihm erwartet. »Ohne Ihre Hilfe, Frau Loewenthal, wären meine Frau und ich schon – ich mag es nicht denken. Die Stellung im ›Plaza‹, wohin Sie meine Frau empfohlen haben, ist ein Segen für uns. Sie ist Nichtjüdin, ja. Aber wie lange wird sie das noch schützen, verheiratet mit einem Juden?« Hilfesuchend sieht er auf Auguste, die gekommen ist, seine Hilfe zu erbitten. Jakobus sinniert weiter: »Meine Zeit ist vorbei, endgültig. Erster Konfektionär bei Wolfssohn! Das war einmal. Nur Scherben sind geblieben. Scherben und eine zerschlagene Hüfte. Aber ich will nicht von mir reden. Sie haben guten Rat nötig, Frau Loewenthal. Nehmen Sie die böswilligen Verleumdungen nicht leicht! Tauchen Sie unter. Ist man behördlicherseits entschlossen, Ihnen wechselnde Herrenbesuche nachzuweisen, wird denen das gelingen. So absurd es auch ist. Wir beide wissen das. Können die aber dafür den Nachweis antreten, haben Sie gegen das Blutschutzgesetz verstoßen und sind somit eine straffällige Person. Begreifen Sie?!«

Auguste kann und mag das nicht glauben. »Ich und Rassenschande! Nein. Die wollen mich einschüchtern, ja, aus der Wohnung vertreiben, das ist sicher. Aber wirklich belangen? Nein!«

Müde erhebt sich Jakobus, greift eine Zeitung vom Vertiko, setzt seine Brille auf, von der ein Bügel umwickelt ist mit Klebestreifen, dann liest er: »Hier. Schutzhaft für Rassenschänder. Nach Abschluß eines ordentlichen Gerichtsverfahrens wird für Rassenschänder Schutzhaft verfügt. Schutzhaft – das heißt bei denen

Zuchthaus oder KZ.« – Auguste bleibt abwehrend, obwohl es da schwarz auf weiß geschrieben steht. Sie wird sich nicht einlassen auf solche Gedanken. Bangemachen gilt nicht. Nicht für Auguste Sarah Loewenthal. Für wen sollte sie eine solche Herausforderung sein? Nein. »Hat Ihre Frau Freude an der Tätigkeit im ›Plaza‹?« wechselt sie absichtsvoll das Thema. Jakobus ist verlegen. »Luisa hat zeit ihres Lebens nicht um Erwerb aus dem Hause müssen«, gesteht er vorsichtig. »Das ›Plaza‹ war mein Zuhause. Interessant war's, und Artisten sind freundliche Menschen«, sagt Auguste und schaut ihn an mit Augen, die immer noch leuchten in Erinnerung an die schönste Zeit in ihrem Leben. Die beiden reichen sich die Hände. »Ich tauge ohnehin nicht mehr als Arbeitskraft für so ein Lager«, sagt sie. »Das müssen sogar die einsehen. Durch mich hätten die nur Scherereien.« – Auguste geht in die Nacht, ihre Gestalt entfernt sich, Jakobus bleibt ruhelos zurück.

Die Loewenthal huscht an den Häuserwänden entlang, sie möchte nicht auffallen, keinen Anlaß geben für neue Beschuldigungen. Aus einiger Entfernung dringt jetzt harter Stiefeltritt an ihr Ohr, und der martialische Gesang einer Sturmkolonne ist alsbald deutlich zu vernehmen. Sie drückt sich in den Schatten einer Litfaßsäule. Inmitten der Männer mit dem Sturmriemen erkennt sie Tornow. Das paßt. Als der Zug vorüber ist, hastet sie heimwärts. Da wird sie von Schritten eingeholt, und plötzlich faßt ein Mensch nach ihrem Arm. Sekundenlang verschlägt es Guste das Atmen. Sie dreht sich um. Es ist Schmoll. Der schöne junge Mann, der sie so ausgesucht höflich grüßt, wenn sie einander begegnen.

»Keine Angst, ich begleite Sie«, sagt er und wirkt auf Auguste wie ein Ritter aus der Sage. Gemeinsam betreten sie Graubeners Lokal.

Der Wirt begrüßt das seltsame Paar. Es ist ihm nicht anzusehen, was in seinem Kopf abläuft bei ihrem Erscheinen. »Seltener Gast, Frau Loewenthal«, ist alles, was er sagt. Sie bestellt einen Mampe. »Auch wenn's einen Börsenkrach auslöst, heute habe ich ihn nötig«, sagt sie mit forscher Stimme und schaut beinahe herausfordernd um sich. Da sitzt Dicke Betty allein an einem Tisch, an einem anderen die Blumenfrau vom Schlesischen Bahnhof. Man nickt einander zu und bleibt für sich. So ist das. Jeder an seinem Platz. Im Leben und in diesem Lokal. Der junge Mann stellt sich vor. Schmoll sei sein Name, Redakteur beim Berliner Lokalanzeiger. Redakteur »ehemals«, ergänzt er melancholisch. Man sei einander dann und wann begegnet. Er vermute, daß Frau Loewenthal, der Name sagt es, gleich ihm nicht zu den Bevorzugten dieser Gesellschaft zähle. Auguste schaut ihn an. Mit Zuneigung. Sie erfährt, daß Schmoll stellungslos ist seit – wie er sagt –: »Elf Monaten, drei Wochen und vier Tagen.« Auf Augustes Anfrage, warum er nicht das Land verlasse, jung, gebildet – da hätte er doch Chancen, verliert er sich in leise vorgetragene, bittere Betrachtungen seiner Lage. Wohin er denn sollte? Vereinsamt in den Vereinigten Staaten? Krank vor Heimweh in Israel? Er sei so sehr hier zu Hause, das schließe jeden Fluchtgedanken aus. Dies sei sein Land. Deutsch seine Sprache. Schreiben sein Beruf. »Ich schreibe Briefe, Briefe an mich. Gegen die Einsamkeit. Und als Beweisstücke. Freunde und Bekannte sind entweder abgereist oder haben sich abgesetzt von mir. Ich treibe allein auf einer Eisscholle. Mitten im Sommer. Ist das nicht lustig?« Auguste greift nach seiner Hand, streichelt sie. Gastwirt Graubener hält die Augen fest auf den unerhörten Vorgang gerichtet. Wie ein Verdurstender stürzt Schmoll seine Molle mit Korn in sich. Er spricht. Er hat vergessen, zu wem er spricht und wo er sich befindet. Er läßt die Qual der Einsamkeit, seine Verzweiflung heraus. Er hat einen Menschen, der ihm zuhört. Endlich! Immer intensiver, besessener bricht es aus ihm: »Der Erstickung des Geistes folgt die Abtötung des Körpers. Das ist ihre Methode. Prost! Um von ihren eigentlichen Zielen abzulenken, lassen die da oben einen Clown aus dem Kasten springen. Wissen Sie, wer dieser Clown ist? Der Jude! Ahasver muß herhalten. Wieder einmal.« Seine Stimme ist voller Empörung, sehr laut, so daß auch diejenigen, die bisher noch kein Augenmerk auf das ungewöhnliche Paar hatten, zu ihnen herschauen. »Glauben Sie mir, Frau Loewenthal, sie werden ihn so ausstaffieren und bemalen, daß keiner mehr unter der Fratze sein weinendes, stilles Antlitz erkennen kann. Der Jude ist an allem schuld! Prügelt ihn! Lacht ihn aus! Lacht!!« Wie im Fieber schüttelt Schmoll seine Einsichten aus sich. Beunruhigt über seine Verfassung und das Aufsehen, das er auslöst, zupft Auguste ihn am Ärmel und holt ihn zurück in die Wirklichkeit. Beinahe bittend fragt sie ihn, ob er ihr erklären könne, gebildet wie er sei, was das alles mit ihr zu tun habe? »Ich kann und kann es nicht mit mir zusammenbringen«, formuliert sie ihre Hilflosigkeit. »Vielleicht hätte ich mich schon früher interessieren müssen?« Doch Schmoll ist schon wieder auf Reisen mit seinen Gedanken. Tief in sein Glas hinein spricht er die Erkenntnis: »Es hat uns erwischt. Der Zeitgeist wird uns aushauchen. Die Juden, die Kommunisten, Sozialisten, die anständigen Christen, alle aufrechten Denker und Kämpfer – sie werden hingemacht. Amen.«

Mit unsicheren Händen schiebt Schmoll Auguste einige Blätter Papier über den Tisch, fordert sie auf, zu lesen. Seine Kündigung. Aufmerksam vertieft sie sich darein, dann staunt sie: »Das ist von 1935! Es ist also schon viel länger her, daß man Sie entlassen hat!« »Mir tut es heute noch weh«, ist seine stille Antwort. Wieder versucht Auguste, die Unruhe in ihm niederzuhalten, sie greift nach seinen Händen, zwingt ihn, das heftige Zittern zu beherrschen. Graubener, der Wirt, kommt an den Tisch. »Armer Kerl«, fordert Auguste seine Teilnahme heraus. Der Wirt hat einen Witz für jede Gelegenheit parat, auch für diese, meint er. »Kenn Se den? Kühe und Rinder, welche vom Juden gekauft wurden, sind vom Zutrieb zum gemeinschaftlichen Bullen ausgeschlossen.« Er lacht rissig und räumt die leeren Gläser ab. Die Loewenthal, sehr leise hin zu Schmoll: »Sehen Sie, wegen so stumpfer Dummheiten mag ich nicht glauben, daß sich das System wird behaupten können.« Schmoll sieht die Loewenthal an. Lange. »Schändlich ist es, fürwahr eine Schande. Rassenschande. Sehen Sie die Logik ihrer Prozeduren?« Und obwohl er ihr direkt in die Augen schaut, hat Auguste das sichere Gefühl, sein Blick geht durch sie hindurch, sieht etwas weit außer ihr und spürt doch einen Zusammenhang mit ihrer Person. Es ist nur einen Augenblick lang dieses Gefühl, aber es erschreckt sie, macht sie kalt und furchtsam. – »Ich werde Sie begleiten«, beschließt Schmoll ihr Zusammensein. Unter den Augen der Gäste und des Wirtes, die sie auf sehr verschiedene Weise verfolgen, verläßt das trostlose Paar das Lokal. Als Schmoll Auguste seinen Arm reicht, damit sie sicher gehen kann, löst sich der Rotgesichtige aus dem Schatten der Hauswand, fixiert die Loewenthal wie eine Schlange das Kaninchen und entfernt sich mit siegesgewissem Schritt. Vor dem ›Stürmer‹-Kasten bleibt Auguste stehen und bittet Schmoll noch einmal dringlich, sich in Sicherheit zu bringen. »Ich bin eine alte Frau, an mir ist nicht viel gelegen, aber Sie sind jung, Sie sollten hoffen.« Schmoll verneigt sich vor ihr, nimmt ihre Hand, küßt sie symbolisch. Aus dem Fenster kräht Tornow: »Schau sie dir an, die olle Sinai-Tirolerin, was die sich für'n feinen Pinkel anschleppt mitten in der Nacht!«

Im Polizeirevier des Wohnquartiers der Loewenthal rapportiert Wachtmeister Müller seine Observationen, die Jüdin Auguste Sarah Loewenthal betreffend. Er ist kein angenehmer Zeitgenosse, doch Recht muß Recht bleiben, das ist seine Devise, lebenslang, und so erstattet er Bericht: »...daß da nischt is, Kriminalober, det is klar wie Kloßbrühe, wenn Se mich fragen. Der Verwalter Tornow will det alte Mädchen raushaben aus'm Haus. Er klagt in Gemeinschaft mit dem Mieter Zickelbein, daß die L. nachts auf die Straße geht und Männer aufreißen tut, die sie dann mit auf ihr Zimmer nimmt, zwecks gewerblicher Unzucht. Die Oma is über Siebzig! Jut, wir ham ooch ältere Nutten im Kiez, aber nich sonne mit Wollstrümpfe un'n Piepmatz.« Der Oberassistent bleibt skeptisch. Der Anwurf der Hausbewohner wegen Rassenschande sei ernst zu nehmen. Das sei schließlich eine Sarah, und die Akte müsse unumgänglich zum Dezernat für Nürnberger Gesetze überstellt werden. Ein Fehler in der Sache, und das Ding liefe abträglich für das ganze Revier. Wovon die Alte denn ihren Lebensunterhalt bestreite, will der Kriminalober wissen. »Da liegt der Hund begraben«, räumt nun der Rotgesichtige eifrig ein, »zwei Putzstellen, Zeugen sind dazu vernommen. Einer bestreitet die Angaben, und befragt, ob er der Ansicht sei, die Alte betreibe Unzucht, gibt er an, daß er sie schon im Gespräch mit Männern am Andreasplatz angetroffen habe.« »Na also.« Der Kriminaloberassistent ist sehr zufrieden. »Zudem habe ich sie höchstselbst mit einem männlichen Individuum des Nachts vorm Lokal von Graubener angetroffen. In zweifelhafter Stellung!« »Moment mal«, bremst ihn sein Streifengänger Müller. »Der zuvor benannte Zeuge is Jude. Mischehe. Verkrüppelt seit November 38 und total verängstigt. Wenn Sie mich fragen, Herr Ober, der sagt allet, was wir wollen, der hat bei der Vernehmung nur so jeschlottert. Dann is da noch 'ne ›Künstlerin‹, die is Kumpel, die schwört ooch, daß die Sarah 's Christkind is. Solche gibt's ehmt ooch.« Nach die-

sem Vortrag seiner besten Kraft beschließt der Oberassistent, daß
die Akte der Loewenthal Ärger machen könne, ließe man sie ver-
schwinden. Erschwerend wirke dabei, daß dieser Tornow SA-Mann
ist. Die Loewenthal muß raus aus dem Revier, also wird er ihre Akte
der politischen Polizei zuführen, so wird er es angehen. Auf seinen
Wink wird Auguste hereingeführt. Wie nun der Herr Kriminaloberassistent das schmale Weiblein mit dem seltsamen Hut und der
rissigen Wachstuchtasche vor sich hat, wird ihm der absurde Vorgang helle. Augustes Erfahrung mit Behörden läßt sie kurz und gehorsam den Text abschnurren, daß sie die und die sei, seit Januar
amtlicherseits als Sarah geführt, ledig, ungelernt und trotzdem ar-
beitsam ein Leben lang. »Ungelernt?« hakt der Ober ein, aber mit
wenig Überzeugung. »In meiner Akte steht Prostituierte, geboren
am 7. 4. 1871 in Czersk, Kreis Konitz, Volljüdin. Bekennen Sie sich
zum mosaischen Glauben?« Auguste entgegnet wahrheitsgemäß,
daß sie zur jüdischen Religionsgemeinschaft gehöre, aber nicht
strenggläubig sei, und Prostituierte sei sie ganz gewiß nie gewesen.
Es würde ihr aber vorgehalten, kriegt sie zu hören, daß sie deutschblütige Männer zum Geschlechtsverkehr verleite, was strafbar ist
und zu verfolgen wäre. Die Anklage gerät dem Oberassistenten
merklich dünn. Unter dem eindringlichen Blick der Loewenthal ist
ihm nicht wohl. Wie sie nun entgegnet, daß sie dies Gespräch ganz
und gar widerwärtig finde, obwohl auch komisch, wenn es denn
eben nicht so monströs wäre, da sieht sich der Beamte veranlaßt,
energischer zu werden, denn wohin käme man, ließe man sich von
»so einer« ironisch kommen. Kurz und knapp prasselt er jetzt seine
Vorwürfe auf Auguste hinunter. Jakobus und der Gastwirt machten
übereinstimmend die Aussage, daß sie mit deutschen Männern gesehen worden sei, sie beziehe weder Unterstützung, noch habe sie
nennenswerte Guthaben. Ergo sei sie ohne Einkommen, ohne Unterkunft. Mit diesem zweifelhaften Leumund sei er gehalten, sie als
gemeingefährliche Person anzusehen, da ihre Notlage eine akute
Gefahr für deutsche Männer bedeute. § 2 des Blutschutzgesetzes
sagt, daß »...außerehelicher Verkehr zwischen Juden und Staatsan-
gehörigen deutschen oder artverwandten Blutes verboten ist«. Da
der Verdacht auf Rassenschande nicht beseitigt werden konnte, sei
er verpflichtet, ihre Akten an die Kriminalpolizeiliche Leitstelle der

Staatlichen Kripo weiterzugeben, jawoll. Erstmals erfaßt Auguste der ganz große Schreck. Ihre stumme Angst ist dem Herrn Kriminaloberassistenten nun doch nicht gleichgültig. »Befolgen Sie meine Ratschläge«, sagt er jetzt in einem sehr zivilen Ton, »sichern Sie Ihr bürgerliches Leben, Sie werden sonst als asoziale Jüdin in Schutzhaft genommen. Das würde sogar unabhängig von der Anklage wegen Verstoßes gegen das Blutschutzgesetz so gehandhabt werden.« Als wäre der Frost in Auguste gefahren, sitzt sie vor dem Beamten. Der geht nun so weit, ihr zu beweisen, daß er nicht die durch und durch schreckliche Figur ist, als die er ihr vielleicht erscheinen mag, und liest ihr aus dem Gesetzblatt vor, das ihn zwingen würde, sich ihr gegenüber so und nicht anders zu verhalten: »Deutsches Recht vom 10.3.1935. Es ist zu verstehen, wenn eine Behörde einmal getäuscht wird. Weniger verzeihlich ist es schon, wenn sie sich durch einen Juden täuschen läßt. Denn während bei einem Volksgenossen die Anständigkeit präsumiert werden kann, muß beim Juden die Unanständigkeit vermutet und die Anständigkeit für jeden einzelnen Fall bewiesen werden.« Auguste ist unfähig, auf diese Flut von Absurdität zu reagieren. Für sie ist jede Ordnung aufgelöst. Recht und Unrecht verkehrt, und was sie am wenigsten fassen kann, ist, daß ihr bedeutungsloses Leben in all das verstrickt ist. Der Kriminaloberassistent weist sie noch einmal auf seine Vorschriften hin, beinahe hört sich das an, als würde er von ihr Verständnis erwarten, dann beschließt er sein Verhör mit der Anmerkung, die Loewenthal möge möglichst schnell seinem Rate folgen, Arbeit und Unterkunft betreffend, den Dienstweg ihrer Akte könne er so einrichten, daß ihr drei Tage Zeit verblieben, alles ins Lot zu bringen. »Alles Gute«, hört er sich sagen und versteht die Welt nicht mehr. Auguste erhebt sich unter seinen teilnehmenden Blicken. Sie verläßt wie in Hypnose den Raum.

Taub für alles um sie herum, steigt sie die Stufen im Treppenhaus hinauf. Vor ihrer Tür findet sie Emmi, putzend, schimpfend. Heftig scheuert sie an Oma Justchens Wohnungstür. Aus Emmis Küche klingt schmelzend die Stimme von Rosita Serrano, welche den ROTEN MOHN besingt. HIER WOHNT EIN JUDENSCHWEIN liest Auguste. Eine weitere Zeile ist schon unkenntlich gemacht von Emmi Brieselang. Ihre Flüche sind eindeutiger Kommentar zu dem

Geschehen: »Selber Schweine! Gesindel ist das. Pack! Für so was fehlen einem doch tatsächlich die Worte.« Annette, in ihrer schmucken Jungmädchenuniform, springt unbeeindruckt die Treppe herunter und zerrt den Nurmi mit sich an der Leine. Emmi bremst das Mädchen, fragt, ob sie nicht gesehen habe, wer diese Schmiererei an Oma Justchens Tür verzapft hat? Nettchen schüttelt stumm den Kopf, schaut glitzernd auf Oma Loewenthal und hopst dann nach Kinderart die Stufen hinunter. Ein völkischer Kinderreim gibt ihr den Rhythmus vor für ihre Sprünge: »Herrgott, steh dem Führer bei, daß sein Werk das Deine sei, daß Dein Werk das seine sei, Herrgott, steh dem Führer bei.« Schweigend stehen die beiden Frauen. Die Loewenthal durchbricht die Stille, bedankt sich bei Emmi, daß sie so liebevoll darauf bedacht war, den Schmutz zu beseitigen. Emmi, noch immer voller Zorn, kollert ihre Gefühle heraus: »Wenn das Hans-Herbert gesehen hätte! Den hätte ich womöglich nie wieder gesehen. Der mit seinen Ansichten über die Roten und die Juden!« Auguste Loewenthal lehnt sich gegen die Tür, um nicht umzusinken. Hilflos schaut sie auf Emmi, das liebe Mädchen, töricht, aber herzlich. So hatte sie bislang ihre junge Nachbarin gesehen. »Weiß der Herr Herbert denn, wie ich heiße?« Mühsam fügt Auguste die Worte aneinander. »Na, jewiß doch. Dem habe ich jesacht, daß Sie und war'n mit 'nem Juden verheiratet, und der is lange doot«, freut sich Emmi und findet sich authentisch pfiffig mit dem Einfall. Die Loewenthal sieht immer noch auf Emmi. Langsam, wie in Zeitlupe, dreht sie sich hinter ihre Wohnungstür.

Wenig später hockt Auguste zusammengesunken auf ihrem Stammplatz am Fenster. Neben ihr Pepi. Wie um sie zu trösten, singt er seine schönsten Triller. Am späten Abend klopft Emmi das zwischen Auguste und ihr vereinbarte Zeichen an die Wand. Kurz darauf steht das schöne Kind mit einem Teller dampfender Suppe in der Wohnküche und zappelt seine Neuigkeiten heraus. Ja, das hatte sie sich genau so vorgestellt, daß Oma Justchen Trübsal blasen würde. Sie solle mal schnell die Suppe auslöffeln, die sei authentisch jut, und dann würde ooch gleich nich mehr über die Spukjeschichten nachjedacht. Diss lohne ohnehin nich, nich? Heißhungrig macht sich die

Loewenthal über die Suppe her. Sie ist selbst erstaunt, daß sie jetzt essen kann und daß es ihr sogar schmeckt. Zufrieden sieht ihr Emmi zu, obwohl sie eigentlich platzt vor Mitteilungsbedürfnis in eigener Sache. Und kaum hat Auguste Loewenthal den Löffel beiseite gelegt, sorgfältig wie es ihre Art ist, sprudelt Emmi ihre Sensation des Tages heraus: »Denken Sie nur, Oma Justchen, ich bin auserwählt! Elite! Authentisch!« Matt und ratlos läßt Auguste Emmis Flutwelle über sich hinwegrollen. Emmi, eingesponnen in ihre Aufregung, plaudert munter weiter: »Was hielten Sie davon, wenn ich Mutter würde, Oma Justchen?« »Dies hätte ja ohnehin und zweifelsfrei ins Haus gestanden«, ist Gustes lakonische Antwort. Emmi ist nicht zu bremsen, auch nicht durch ironische Anmerkungen. »Aber mit Hans-Herbert als Vater!« trumpft sie auf. Auguste bleibt skeptisch. Dann handele es sich wohl um einen besonders feinen Menschen, wenn »trotzdem« von Heirat die Rede wäre, entgegnet sie Emmi. Die entwickelt jetzt eine beinahe stürmische Intensität: »Selbstredend nicht auf diese althergebrachte Weise. Nein! Viel phantastischer! Ich schenke dem Führer ein Kind! Ein schönes, rassisch einwandfreies Kind! Das is eine janz neue völkische Einrichtung, Oma Justchen. Dort wählt man nur die Edelsten –, na ja, ich meine wirklich Schöne, Blonde, Großwüchsige –.« »Blauäugige?« Ungewöhnlich sarkastisch klingt die Stimme von Auguste Sarah Loewenthal. Sogar Emmi bemerkt das und unterbricht für einen Moment ihren Redestrom. Doch als sie das harmlose Gesicht von Oma Justchen sieht, plaudert sie unaufhaltsam weiter: »Ja! Es werden solche Männer und Frauen ausgesucht, die dann zusammen – also die Rasse, unsere Rasse wird so zielgerichtet vermehrt. Det hat Hans-Herbert mir so erklärt und mich vorjeschlahren. Mich! Heute haben sie mir, ich meine natürlich mich, vermessen, und icke bin ausgewählt. Jawoll!« Ganz erschöpft ist Emmi von ihrer Rede und diesem Tag mit allen seinen Wundern. Sie kann und kann es nicht fassen, daß sie so ein auserwähltes Geschöpf ist. Amtlich sozusagen. Obwohl sie, ganz tief da drinnen, immer eine Ahnung davon hatte, daß Ungewöhnliches für sie möglich werden könnte. Leider erzielt sie, wie deutlich abzulesen ist am Gesicht von Oma Justchen, bei ihr nicht die erschütternde Wirkung, auf die sie so sehr gehofft hatte. Wer, wenn nicht ihre olle Nachbarin, sollte sich sonst mit ihr freuen?

Doch die sagt nur wie so 'ne Sphinx: »Vermessen? Emmi Brieselang, du bist eine dumme Nudel. Der Kerl, dein Hans-Herbert von der Totenstandarte, will dich reinlegen. Der will dich haben ohne Hochzeit. Das ist es.« Jetzt ist Emmi sehr beleidigt. Sie legt ein Bündel Schriftstücke auf den Küchentisch, und obwohl sie so enttäuscht ist und pikiert auch, ja, liest sie Auguste vor, was da geschrieben steht, damit nun aller und jeder Zweifel beseitigt ist. »›Lebensborn e. V.‹ so heißt det. Das is 'ne authentische Vereinigung. Gegründet vom Reichsführer SS, dem Himmler. Na? Hier: Über die Grenzen vielleicht sonst notwendiger Gesetze und Gewohnheiten hinaus wird es außerhalb der Ehe für deutsche Frauen und Mädchen guten Blutes eine hohe Aufgabe sein können, nicht aus Leichtsinn, sondern in tiefem sittlichen Ernst, Mutter zu werden und unserem Führer ein Kind zu schenken. Es werden rassisch und erbbiologisch wertvolle werdende Mütter in den Heimen ›Lebensborn‹ aufgenommen. Außerdem wird für die dort zur Welt kommenden Kinder und für ihre Mütter ständig jesorgt. So soll mitgeholfen werden, das Wachstum arischen Blutes zu sichern. Mutterglück jenießen und Dienerin des Staates zu sein, eine hehre, verdienstvolle Tat. Na?!« Die Loewenthal ist ohne Worte. Zum wiederholten Mal an diesem Tage versteht sie die Welt nicht mehr. Ob das heute alles zuviel war für sie? Ist sie, es wäre doch denkbar, ein bißchen verrückt? Unsicher über das, was sie zu hören vermeint, fragt sie darum: »Und du sagst, die haben dich VERMESSEN, Mädel?« Emmi ist froh, endlich ihr Interesse geweckt zu haben. »Ja. Schädel, Glieder – alles. Haut- und Haarfarbe haben die jeprüft. Blut ooch, eben allet, wa. Und ich bin Spitze, haben die jesacht. Spitze! Oma Justchen, wo ick mir immer so jewünscht habe, mal raus aus 'm Dreck und 'n bißchen Anerkennung! Ich bin authentisch glücklich.« Doch Emmi hat sich geirrt, wenn sie meint, daß die Loewenthal nun überzeugt wäre von dem sagenhaften Glück, das Emmi Brieselang da widerfahren ist. Nein, so ist das nicht. Unbeirrt bohrt Oma Justchen weiter. »Kann denn Hans-Herbert diese tadellosen Kinder nicht in einer ganz normalen Ehe mit dir für seinen Führer erzeugen?« will sie wissen. Auch diese Anfrage wirft Emmi nicht aus ihrer Bahn der glücklichen Umkreisung von Hans-Herbert, Himmler und einem Kind für Adolf Hitler, ihren Führer. Verschmitzt räumt sie ein, daß sie einen wichtigen Passus übersprungen habe in ihrer Berichterstattung, weil sie, na ja, sie sei der Meinung, dies wäre für die liebe olle Dame vielleicht doch zu starker Toback, wie der Berliner sacht. Also: »Bei besonders tüchtigen Männern ist es ebent so, daß die und haben mehrere Mädchen, die sie begatten, sozusagen.« Leuchtend vor Stolz und total überzeugt von dieser Wahnsinnsidee, strahlt Emmi Gustchen an, nickt ihr fröhlich zu und ist überzeugt davon, nun auch die letzten Zweifel an der wundersamen Sache ausgeräumt zu haben. Emmi fühlt sich wie eine Prinzessin. Das ist Fakt. Die Loewenthal schüttelt den Kopf. Sie muß sich wohl in einem Traum befinden, es kann nicht anders sein. Nur – vor ihr sitzt Emmi, leibhaftig, und sie hört sie diesen Augenblick sagen: »Diese dumme Nudel Emmi Brieselang ist tadellose Ware. Oma Justchen, wer hätte das jedacht!« Auguste bittet Emmi dringend, zu bedenken, ob es richtig sei, sich für das Völkische zu verschwenden. Doch Emmi ist heute nicht zu bremsen: »Bangemachen jüldet nich, Oma Justchen, der erste Erbhofbauer is schon anjesetzt – nach Meinung von Hans-Herbert!« Hypnotisch schaut sie auf die Loewenthal. Na? Na? Wird sie's kapieren? Wird sie? – Nee. Folglich muß sie deutlicher werden. »Ich leg ihn rein! Das Elite-Exemplar! Klarer Fall!« Langsam hebt sich die Dämmerung von Auguste, und Emmi gluckst und kollert heraus: »Schön-Herbert wird ein Kuckucksei ins Nest jelecht. Ein erstklassiget Führerkind! Authentisch toll, was?!« Jetzt lachen die beiden zusammen, daß die Teller klirren im Regal und Pepi aufgeregt sein Spiegelbild küßt. Tränen laufen Auguste übers zerknitterte Gesicht. Lachtränen. An diesem Tag! Wer hätte das gedacht. Sie drückt Emmis Hände, küßt ihren Haarschopf und sagt aus tiefer Überzeugung: »Das ist das Tollste, Emmikind, was ich seit langer Zeit gehört habe!« »Aas oder As – das is hier die Frage, was?« Emmi ist hochzufrieden mit sich. Und wieder bricht ein Lachsturm los. Der ist kontrapunktiert von Emmis spitzen Schreien. Das nimmt Frau Zickelbein zum Anlaß, mit dem Besen gegen ihre Stubendecke zu donnern. Für diesmal aber läßt sich Auguste nicht verschrecken. In diesem schönen Augenblick ist sie stark, und kräftig stampft sie mit ihrem Knöpfelschuh zurück, pocht der Zickelbein ihre Kampfansage in deren beschränkten Schädel. Trotz ihres großen Glücks hat Emmi nicht vergessen, daß Oma

Justchen einen schweren Tag zu bestehen hatte. Aufmerksam hört sie zu, wie die ihr jetzt erzählt, was ihr auf der Polizei widerfahren ist, welche Auflagen ihr, wohlwollend zwar, das hat sie gut verstanden, ja, aber doch auferlegt worden sind. Emmi bekräftigt ihr Oma Justchen darin, daß sie anderentags die Ämter abzuckeln solle um Arbeit. »'ne Bleibe muß her, und notfalls müssen Sie ooch die Schwurhand heben und jestehen, daß allet so is, wie Ihnen det vorjeworfen wird, klar? Damit Ruhe eintritt.« Jenau det hätte der Emil, der wo Vorführer ist in ihrem Kintopp, ooch empfohlen. »Det muß klappen«, bekräftigt Emmi ihre Rede, »die tun 'ner Großmutter nischt. Hauptsache denen ihre Akten stimmen.« Das ist Emmis ehrliche Meinung. Die beiden so sehr verschiedenen Frauen sitzen im Dämmerlicht am Küchentisch. Für einen Moment ist Stille eingetreten, die besonders heftig wirkt nach Emmis turbulentem Ausbruch. In diese Ruhe hinein sagt Auguste Loewenthal, ganz zaghaft sagt sie das und doch aus dem Grunde ihres Seins heraus: »Eigentlich müßte zu jeder Zeit gesichert sein, daß ein Mensch ohne Schuld auch als schuldlos anerkannt werden muß. Oder?« Dringlich sieht sie ihre junge Freundin an. »Tja, eijentlich – ja.« Emmi kann nicht umhin, ihr zuzustimmen. Aber darauf sei eben kein Verlaß, weiß Emmi, und es müßte also Vorsorge getroffen werden, daß Oma Justchen zu jeder Zeit imstande sei, »jlaubhaft« einen unsittlichen Lebenswandel zu beeiden. Daher solle sie die Dicke Betty, ihres Zeichens Bahnhofs- und Markthallennutte, einladen, und von der Person könne Oma Justchen zweifelsfrei ein erstklassijet Alibi krijen. – An diesem Tag, das ist ihre Gewißheit, kommt Auguste aus dem Staunen nicht heraus. Die reinsten Wechselbäder sind das, in die sie da getaucht wird. »Extreme Temperaturen«, sagt sie, und Emmi kann nicht kapieren, was so ein Satz mitten im Sommer zu suchen hat. Sie schiebt es dem verrückten Tag und dem Alter ihrer lieben Nachbarin zu, schließt nahtlos an, sagt: »Also, die Betty, ja, die soll Ihnen ihr Leben erzählen, wie allet so kam und so. Das jestehen Sie dann die Polypen als ihr eijenet trahrischet Schicksal. Na, is det 'n Einfall?« Auguste muß lachen über Emmis total verrückte Idee. Das Fräulein Brieselang ist jedoch nicht mehr zu bremsen. Davon angeregt, ist Guste nun entschlossen, auch den Gastwirt Graubener Auge in Auge zu befragen, ob er tatsächlich ausgesagt habe, daß sie

Männerbekanntschaften mache in seinem Lokal. Emmi ist begeistert: »Jawoll, Oma Justchen, Zahn um Zahn, wie inne Bibel. Sie werden sehen, der schwitzt vor Angst Knoblauch aus seine fetten Rippen. Das ist ein Tag!« schwärmt sie weiter. »Ich krieg ein Kind vom Führer, Hans-Herbert krieg ich ooch, so gut wie sicher wenigstens. Is det nich fast wie 'ne Karriere beim Film, Oma Justchen?«

Vor dem Lokal von Graubener werden Emmi und Auguste von dem Schild JUDEN UNERWÜNSCHT gestoppt. Unübersehbar hängt es da und schlägt Auguste mitten ins Gesicht. Ein weiterer Hinweis, ebenso nachdrücklich plaziert, bestimmt: »Heil Hitler! Beim Kommen und beim Gehen laß von Herzen es geschehen, heb mit Stolz die rechte Hand, wie man grüßt im Vaterland: Heil Hitler!«
Die Frauen schauen sich an. Emmi drückt ihre Nase an der Scheibe platt, verkündet, daß »sie« drin ist, drückt die Klinke nieder und schmettert ihr »Heil Hitler« in den Raum, daß alle Gäste zu ihr hinschauen.
Auguste steht draußen und wartet, daß Emmi mit Betty herauskommen wird. Sie pendelt hin zum ›Stürmer‹-Kasten, betrachtet die Karikaturen, die den jüdischen Typus, wie er im Untertext beschrieben ist, deutlich machen: krumme Nase, fettiges Kräuselhaar, wulstige, hängende Speichellippen, Augenlider wie Waschlappen, fette Wurstfinger. Wieder hat Auguste diese heftige Empfindung von Unwirklichkeit, als wäre die Schwerkraft für sie aufgehoben, als hänge sie willenlos im Raum, unfähig, Körper und Gedanken zu bestimmen. Schmoll holt sie heraus aus diesem Zustand. Er steht neben ihr, schön, schmerzhaft trauervoll. Sein Anblick spottet den Karikaturen, macht die perfide Verleumdung drastisch klar. Sie begrüßen einander, zwei Wanderer in der Wüste. »Wohin verkriechen wir uns heute, liebe Sarah? Seit der Vertreibung aus Graubeners Paradies habe ich die Wartesäle im ›Schlesischen‹ zu meinem Asyl gemacht.« Liebevoll sieht er sie an. Auguste protestiert: »Sie sollten mich nicht Sarah nennen.« Schmoll hängt sich bei Auguste ein, flaniert ein wenig mit ihr auf und ab, erzählt dabei, daß die Frau und Halbschwester ihres gemeinsamen Stammvaters Abraham eine hochbegnadete Volksmutter wurde, die man – göttlicher Anordnung folgend – SARAH nannte, Sarah – das heiße auch FÜRSTIN.

Schön wäre sie von Angesicht gewesen, und das noch in den Jahren, in welchen Frauen bereits von den Merkmalen des Greisinnenalters gezeichnet sind. Selbst da schien sie hochgestellten und verwöhnten Männern noch sehr begehrlich. Sarah, die Stammutter Israels, wurde 127 Jahre alt. »Sie sollten diesen Namen mit Stolz tragen«, sagt Schmoll. Jetzt muß Auguste sogar lachen: »127 Jahre! Und begehrlich bis ins hohe Alter! Das würde in meinem Fall die Polizei interessieren!« Da sieht Auguste Sarah Loewenthal Emmi mit Dicke Betty aus Graubeners Lokal kommen. Sie schüttelt Schmoll beide Hände, lange, als wäre dies ein letztes Mal. »Ich wünsche Ihnen einen weißen Weg, mein Sohn«, sagt sie und entfernt sich rasch. Schmoll lüftet seinen Hut, verneigt sich tief. »Wer war denn die Schönheit?« Emmi fragt echt begeistert. »Einer vom Stamme Abrahams«, ist Augustes Antwort, rätselhaft für die anderen. Betty interessiert nur eines: »Zahlste meinen Ausfall?« will sie von der Loewenthal wissen.

In der verdunkelten Wohnküche sitzt das kuriose Trio um den Tisch herum, ein Fläschchen Pfefferminzlikör lockert das Gespräch, hilft, das Thema alsbald anzugehen. Betty ziert sich nicht lange. Wann kommt es schon vor im Leben, daß jemand wissen will, wie alles so gekommen ist mit einem. Man erzählt gern. Manchmal geschieht es, daß einem erstmals selber dies und jenes klarer wird, wann es das Leben war, das gnadenlos eingegriffen hat, oder wann man selbst die Weichen gestellt hat. So ein Tag ist heute für Dicke Betty. Bald hat sie den Anlaß für ihre Selbstdarstellung völlig vergessen. Eifrig kramt sie in ihren Erinnerungen, berichtet, daß sie erst Dienstmädchen war, dann bei einem Schaubudenbesitzer, »der hat mir jleich uff Treppe jelecht un jenomm«. Das war die erste Begegnung mit der Liebe. Sie sagt das ohne Bitterkeit. Dann kam ihre Zeit als Kellnerin. Da wurde sie erwischt »bei Verkehr uff Tolette«. So ist sie dann unter Kontrolle gekommen, bei der Sitte, wie es eben so war und immer noch ist. Einen Augenblick wird sie nun doch sentimental, sagt, daß sie eigentlich gewünscht hätte, alles sollte ein bißchen anders laufen, war aber nicht. Dann habe sie sich zusammengerissen und sei freigekommen von der Sitte. Danach sollte ein ganz neues Leben anbrechen, »mit Ede, meinen Ehelichen. Mit ihm

habe ick Damenkneipe uffjemacht unt sieben Kinder jeboren, ja.«
An dieser Stelle hält Dicke Betty es, verständlicherweise, für ange-
bracht, zwei, nein drei Kleine von dem Grünen zu kippen. Wann
sonst, wenn nicht jetzt. Denn so ein Leben, das ist noch im nachhin-
ein nicht leicht zu verkraften. Emmi und Guste sind beeindruckt,
zeigen durchaus Verständnis für ihren größeren Durst nach so gewaltigen Anstrengungen. »Sieben?« Guste sinniert voller Hochachtung über die Leistung, sieben Kinder ausgetragen und großgezogen
zu haben. »Nee, die sint alle hops – sint die«, sagt Betty nicht ohne
Trauer. Diphtherie, Masern, Zahnkrämpfe, die Lunge und so weiter. Dagegen konnten sie in ihrer Armut nichts machen. Dann sei
auch der Ede totgeblieben. »Herzleiden infolge Trunksucht«, und
Dicke Betty mußte wieder kellnerieren. Wieder sei sie unter Kontrolle gekommen. Zwei Jahre Arbeitshaus waren die Folge davon.
»Dis macht fertich«, sagt sie, und die beiden, die ihr sehr bewegt
zuhören, glauben ihr aufs Wort. »Nu bin ick alt«, sagt Dicke Betty,
»bißken bei die Droschkenkutscher, Stamm bei die Hallenhändler.
Zwei Mark zahlen die Leute, manchmal nur eine, da braucht man
seine Stammkundschaft. Wäre ich jung, machte ich det wie Emmi.
Wie heißt dein Verein? Lebensborn?« Leise gluckst Dicke Betty vor
sich hin. Freundlich, friedlich kippt sie ihren Pfeffi. Emmi ist entrü-
stet. »Das ist eine nationale Einrichtung, kein Puff!« Auch sie
braucht jetzt einen Schluck von dem Süßen, um ihren Zorn zu
dämpfen. »Von Puff war keine Rede, keine Silbe nicht«, distanziert
sich Betty von der Anschuldigung. Auguste Loewenthal befindet
sich in außerordentlicher Situation. Was ist das hier? Was spielt sich
ab in ihrer Küche, wo Pepi zwitschert, die Küchenuhr friedlich
tickt. Sie ist nicht eingebildet, worauf sollte sie, aber das hier? Zögernd – sie möchte ganz gewiß weder Dicke Betty noch Emmi kränken, schließlich bemühen sich beide Frauen, ihr zu helfen und wer,
außer ihnen, machte sich schon einen Kopf um sie – zögernd fragt
sie also, ob dies wohl die passende Geschichte wäre für sie? Meint
ihr wirklich? Betty geht auf Distanz. Schließlich würde sie das nicht
jedem erzählen. Auguste schenkt Betty ein, bedankt sich für deren
Vertrauen und setzt nun ihre Lebensgeschichte gegen die von Betty,
um zu erklären, warum ihr so fremd ist, was sie da als ihr Leben
ausgeben soll. In Polen war Auguste Landarbeiterin. Sie hatte aller-

dings auf preußischem Gebiet gelebt, daher fühle sie sich, lebenslang, als Deutsche. Das war bis 1920 so, dann wurde ihr Dorf dem Weichselterritorium zugeschlagen. Spontan habe sie das Land verlassen. Sie mochte nicht durch ihr Verweilen zur Bekräftigung der »nationalen Schädigung« beitragen, sagt sie. So sei sie nach Berlin gekommen. Zu einem Professor in Stellung. Ein Wissenschaftler. Alte Sprachen, ja! Und wie sie das sagt, wird Emmi und Betty das Besondere im Leben der Auguste Loewenthal helle. Dieser Professor sei gestorben, und dann »begann meine Künstlerlaufbahn«, sagt Auguste und muß herzhaft lachen über ihre Formulierung. Platzanweiserin im ›Plaza‹. Sie könne sich also nicht vorstellen, daß die Polizei ihr die Geschichte von Betty glauben würde. »Warum nicht«, beharrt Betty und ist jetzt eingeschnappt. »Quatsch«, kontert Emmi, »Hauptsache ist, Sie zeigen sich reuig, Oma Justchen. Probieren Sie mal, los!« Guste schaut ihre Freundinnen in der Not an, unter deren Blicken erhebt sie sich – zu ihrer eigenen Verwunderung tut sie das –, baut sich vor ihnen auf, als stünde sie vor einem Richter. Fahrig fummelt sie an sich herum, dann beginnt sie: »Ich bin der Gewerbeunzucht beschuldigt, und nachdem ich anfangs die Unwahrheit gesagt habe, will ich nun doch zugeben, daß ich schon immer, schon als Kind – also, da hat mich der Herr von der Schaubude, wo ich in Stellung war, der hat mich – – geküßt.« Vergnügter Höllenlärm bricht in der Küche aus. Emmi schmeißt sich prustend aufs grüne Samtsofa, wirft ihre Beine in die Luft und strampelt, daß die Federn quietschen. Betty braucht ein Taschentuch, um ihren Tränenstrom zu dämmen. Ihr Busen wogt, die Jahresringe beben. Sie lacht und lacht, stoßweise, kurzatmig, aber unaufhaltsam, so sehr, daß Guste einstimmen muß in den Chor der allgemeinen Fröhlichkeit. Unter Stöhnen korrigiert Dicke Betty Gustes Vortrag: »Nee, anjebufft hat der mir, jleich 'n ersten Ahmd«, und genehmigt sich einen weiteren Grünen.

Die Loewenthal bricht die ausgelassene Stimmung. Jetzt sei es genug, die gute Absicht von allen Seiten bewiesen, aber für dieses Gewerbe tauge sie nun mal nicht, auch nicht zum Schein, und sie bedanke sich bei den Damen. Verblüffte Stille. Ratlos sitzen die freiwilligen Helferinnen. Die Sirene heult und hilft allen aus der vertrackten Lage. Emmi springt auf, läuft, um ihre Wertsachen zu holen: »Tschüs, bis nachher, im Keller.« Betty schaut hin zu Auguste, die sich jetzt auf ihrem Stammplatz am Fenster niederläßt, obwohl ihr die Verdunkelung die Aussicht versperrt. Die stille Anfrage von Betty beantwortet sie so: »Für Juden verboten.« »Der Sicherheitsschutz auch?« Betty kann das nicht fassen. »Und? Was mache ich jetzt? Die im Haus lassen mich doch nicht in ihren Keller?!« »Bleiben Sie hier«, sagt Auguste, »es ist ja nur eine Übung, den Ernstfall werden wir hoffentlich nie erleben.« Da schlägt eine harte Faust gegen die Tür, und Tornows Stimme brüllt martialisch, daß das Licht auszumachen wäre, dalli, dalli, oder ob die Jüdin Sarah Loewenthal die Volksgenossen absichtlich ins Unglück stürzen wolle?! – Hastig löscht Dicke Betty das Licht. Auguste ist in ihrem Korbstuhl zusammengerutscht. Sie hatte tatsächlich für eine kurze Stunde ihren Notstand vergessen. Jetzt zieht Betty die Jalousie auf, beide Frauen sehen hinaus in die Nacht. »Echt friedlich, wa?« Betty flüstert es in die angespannte Ruhe. Ein Flugzeug brummt heran, eine Detonation folgt, Glas birst und splittert. Betty und Auguste halten sich umklammert, bis der Spuk vorüber ist. »Ich möchte Ihnen danken, Betty«, sagt die Loewenthal. »Schon jut«, ist deren Antwort. Und: »Vielleicht hilft et ja doch«, fügt sie noch hinzu, aber viel Hoffnung ist nicht in ihrem Zuspruch.

Am nächsten Tag, Guste hat sich entschlossen, im jüdischen Altersheim um einen Platz nachzufragen, begegnet sie Dicke Betty auf der Straße. Freundlich begrüßen sie einander, Guste bleibt für einen Moment stehen. Betty: »Keen Jeschäft heute. Noch nüscht inne Kasse.« Guste erklärt, daß sie in die Große Hamburger gehe. »Uff 'n Friedhof?« vermutet Betty. »Ins Altersheim«, entgegnet die Loewenthal. »Denn melden Sie mir jleich mit an, ick hab's satt, mir dicke Beene zu stehn for nüscht un wieder nüscht.«
Auguste geht weiter die Straße hinauf. Auf der anderen Seite des Gehsteiges sieht sie Emmi, Arm in Arm mit einer schwarzen Uniform, in der Hans-Herbert steckt, vermutet die Loewenthal sarkastisch. Wie sie nun Emmi einen Gruß zuwinken will, wendet die sich – wie im Gespräch, ja, so gibt sie es vor, aber es ist ganz unwiderlegbar, daß sie sich absichtsvoll WENDET – hin zu ihrem Liebhaber und tut so, als habe sie ihre Oma Justchen nicht gesehen. Kopf-

schütteln erfaßt Auguste. Sie kann das gar nicht steuern, ob sie will oder nicht – ihr Kopf schüttelt und wackelt, er hat so viele Zweifel und Verzweiflung zu verarbeiten, daß er versucht, das Problem motorisch zu lösen. Wackelnd.

In einem hoffnungslos überfüllten Raum stehen Ria Rauch und die Loewenthal. Ria hat ihr Versprechen eingelöst und begleitet Gusti. Die hält fest umklammert in ihrer Hand ein Kärtchen mit der Nummer 373. Soeben wird die Zahl 21 aufgerufen. Niemand kann sagen, ob und wann er an diesem Tag seinen Antrag vorbringen kann. Ria ist besorgt um Gusti, die keinen Sitzplatz mehr gefunden hat. Alt und krank sind hier fast alle. Niemand wird seinen Platz abgeben. Eingezwängt stehen die beiden zwischen Männern und Frauen, die alle auf seltsame Weise einander gleichen. Das macht wohl das gemeinsame Schicksal, denkt Ria, und ihr ist kalt in dem dämpfigen, überfüllten Raum. Neben ihnen sinkt eine sehr alte Frau zu Boden. Auguste und die Umstehenden verhindern, daß sie hinschlägt. Man legt die Erschöpfte auf die Füße der mit ihr Wartenden, es ist kein anderer Platz im schmalen Korridor. Auguste kniet sich neben sie, spricht beruhigend auf sie ein. Esther Hamburger flüstert Auguste zu, als habe sie ihr eine wichtige Botschaft zu übermitteln. Der Sturz hat sie offenbar verwirrt. »Ich werde abgeholt. In den Judenhimmel. Mit Extrapost in den Judenhimmel.« Eine andere Frau kühlt Esther die Schläfen, und langsam kehrt die aus dem himmlischen Bereich zurück in die Wirklichkeit. »Zugvogel müßte man sein, ausschwärmen wie die Jungen. Wir Alten müssen zurückbleiben. Wer teilt unsere Einsamkeit? Heute ist mein Glückstag, das fühle ich. Seht alle her! Ich habe die Nummer 31. Dreht man sie um, wird sie zur 13! Esther heiße ich. Esther heißt Stern. Aber das wißt ihr wohl alle, ihr vom Stamme Israel. Die Benutzung der Lesesäle ist verboten, so stand es im Nachrichtenblatt. Lesen ist eine rein arische Angelegenheit.« Flüsternd verlischt ihre Stimme, sie ist unterwegs in freundlichere Gefilde. Hilflos umstehen die Frauen ihre Schwester Esther. Noch einmal schlägt sie ihre Augen auf, ihr Blick richtet sich auf Ria. »Sind Sie denn Jüdin?« Ria verneint und erklärt, daß sie nur hier sei, um ihre Freundin zu begleiten. »Das ist sehr tapfer von Ihnen. Angst besiegen, die Angst vor dem Tod, dem eigenen, dem anderer, dem im Lager – sich täglich neu überwinden – das ist es. Sie handeln wirklich schwesterlich. Zweiundachtzigtausendsiebenhundertundsechzig Personen haben schon ihren Antrag gestellt. Heute ist mein Tag. Heute!« Aufgeregt, beinahe freudig verkündigt sie das und löst bei Auguste das Gegenteil aus: Die Einsicht in die Vergeblichkeit, hier einen Platz finden zu können, der Sicherheit gibt, läßt Auguste einen Entschluß fassen. »Ich wünsche dir ein gutes Leben, Esther«, sagt sie, greift nach Rias Arm und geht zum Ausgang. Ihr entgegen kommt eine Frau mit Kindern, der drückt die Loewenthal ihre Nummer in die Hand und geht mit eiligen Schritten fort von diesem Ort. Angesichts der Not um sie herum macht Ria nicht einmal den Versuch, zu protestieren, sie folgt Gusti, die im Laufen »Sinnlos, sinnlos, es ist wahrhaft sinnlos« vor sich hin murmelt.

Daheim, an ihrem Fensterplatz, sitzt Auguste wie von einer Lähmung befallen. Tatenlos, gedankenlos, blicklos hockt sie auf ihrem knarrenden Korbstuhl. Das Knarren und Pepis Piepsen sind die einzigen Laute in der kleinen Wohnküche, denn Auguste hat sogar vergessen, die Küchenuhr aufzuziehen. Das ist in ihrem ganzen Leben nicht vorgekommen, und sie hatte stets geglaubt, daß die erst stillestehen würde, wenn sie einmal nicht mehr ist. Sollte es schon soweit sein? Der Hund von Schulz kratzt und bellt vor ihrer Tür. Der arme Kerl kann es nicht fassen, daß er nie mehr zu seiner Freundin darf, die ihn gestreichelt hat, ihn ausführte und stets einen leckeren Happen parat hielt. Auguste regt und rührt sich nicht. Jetzt klopft es, und ohne ihr gemeinsames Ritual vollständig zu zelebrieren, stürmt Emmi herein, sprudelt sie ihre Sprüche über Oma Justchen.
»Ick konnte nu mal nich jrüßen vorhin, mit Hans-Herbert an meiner Seite. Wenn mein lieber Lulatsch mitjekriecht hätte, daß ick und jrüße 'ne Jüdin –!« Als wäre sie eingebrochen in ihrem doppelten Boden, sitzt Emmi plötzlich fest mitten im Satz. Auguste Sarah Loewenthal fragt: »Man sieht mir das wohl an?« »Nee, nich eijentlich«, sagt Emmi, »aber Sie schleichen so, man könnte drauf kommen, ja.« Auguste erhebt sich, steht da in ihrer Küche, sehr gerade und ganz zurückgenommen, bitter auch, ja, und sagt: »Ehrlich bist du. Ehrlich und wenig empfindsam.« Emmi ist traurig. Sie wollte doch wahr und wahrhaftig nicht ihr liebes Oma Justchen kränken. Aber

das Leben draußen sei sehr viel anders als hier drin in der Küchen-stube. Ob sie vielleicht trotzdem –? Sie möchte doch gar und gar zu gern ihre neuesten Nachrichten, Hans-Herbert betreffend, abset-zen, seines Zeichens Elite-Erzeuger von ihrem Baby. Sie habe ihn mittlerweile so weit präpariert, daß er die Möglichkeit eines Sieben-monatskindes nicht ausschließen würde. Ob dies nicht total knorke sei?! Emmi spürt, daß Oma Justchen an diesem Tag nicht wie ge-wohnt ihr Kumpel ist, sie fühlt sich unverstanden, weiß aber nicht, warum das so ist. Erstmals in ihrem Leben ist Auguste Loewenthal nicht bereit, ihre Befindlichkeit zugunsten eines anderen Menschen hintanzusetzen. Da stehen sie nun, ganz nahe und doch so weit ent-fernt voneinander.

Ein Scharren an der Tür erlöst die beiden aus der Situation. Emmi schaut hinaus, da steht Jakobus und bittet mit einer verspannten Geste, eintreten zu dürfen. »Herr Jakobus? Ja, so was. Kommen Sie herein«, sagt Auguste. Emmi setzt deutlich dagegen: »Na, denn kann ick ja jehn.« Ein Stuhl wird ihm zurechtgerückt, doch Jakobus mag sich nicht setzen, nicht ehe ihm Frau Loewenthal verziehen habe. »Ich schäme mich so. Meinen Nächsten zu verraten! Worein der Mensch sich verstricken kann. Heile mich, Herr, denn meine Seele ist erschrocken.« Er zittert und bebt und ist doch so froh, daß er Frau Auguste antrifft, daß sie nicht verhaftet wurde aufgrund seines Verrates. Auguste drückt ihn jetzt auf den Stuhl, versucht, ihn zu beruhigen. »In diesen Zeiten kann ein jeder von uns in Gewis-sensnot geraten, ein Augenblick der Schwäche macht noch nicht den ganzen Menschen aus«, tröstet ihn Auguste. »Sie haben sich schwach erlebt, haben daran gelitten und bereuen jetzt. Ich habe das vielleicht noch vor mir. Wer kann schon mit Sicherheit von sich sagen, daß er jede Prüfung mit ›gut‹ bestehen wird«, redet ihm Auguste gut zu und meint es auch so. Jakobus bekennt: »Die haben mich zum Krüppel geschlagen, ja, aber wenn ich mich der seelischen Verkrüppelung nicht erwehre, ist das allein meine Schuld. Man hat mich erpreßt, Frau Auguste, die wollen meine Frau zur Scheidung zwingen, wenn ich nicht aussage, wie sie es brauchen. Verliere ich meine Frau, bin ich ganz ungeschützt. Angst, Frau Loewenthal, Angst verkehrt die Wahrheit schnell in ihr Gegenteil.« Bittend schaut er sie an. Er braucht ihre Verzeihung. Auguste steht vor ihm, schaut ihn an, voller Wehmut, zermürbt von all dem, was da in den letzten Tagen über sie gerollt ist. Sie gibt Jakobus die Hand, führt ihn mit den Worten zur Tür, daß sie sich sorgen müsse um Arbeit, eine Schlafstelle, damit sie der Paragraphenfalle – vielleicht – entwischen kann. Ihre Sorgen gegenwärtig seien also ganz simpler Art, nicht so sehr höherer Natur, sagt sie und zieht die Tür ins Schloß nach seinem Abgang. Auguste macht sich auf den Weg. Im Treppenhaus, die Stufen abwärts, tritt Annette aus ihrer Wohnungstür. Oma Loewenthals Nettchen. Das Kind zögert, als es so plötzlich vor ihr steht. Spontan faßt die Loewenthal nach Annettes Zopf, wie sie das früher – früher? Wann war das? Ist es Jahre her? War es gestern? –, also, wie sie das früher oft getan, woran sie Spaß gehabt hatten, beide, und sagt zu ihr, mit sehr viel Liebe, daß es gut wäre, daß sie ihr über den Weg gelaufen sei, denn sie hätten Abschied zu nehmen voneinander, weil sie ausziehen müsse, schon am nächsten Tag, weggehen für immer, und Annette sollte, müßte wissen: »So wie es gekommen ist zwischen dir und mir, das ist nicht unsere Schuld, mein Kind. Wir können beide nichts dafür. Denke daran, wenn du dich später an diese Zeit erinnerst, Nettchen. Was man dir auch sagen wird über mich, es ist nicht die Wahrheit. Du und ich – wir wissen das, ja?« Die braunen Augen von Auguste leuchten mit aller Kraft auf Annette. Sie möchte nichts auf der Welt so sehr wie mit diesem Augen-Blick das Kind erreichen, daß es sich eines Tages erinnert an den Moment hier auf der Treppe. »Judensau«, sagt Annette und hopst ungerührt an Auguste Loewenthal vorbei, die Stufen hinunter, raus aus dem Haus. Guste rutschen die Beine weg. Sie muß sich auf die Treppe setzen, um nicht umzufallen, und zum erstenmal in diesen schrecklichen Tagen weint sie, klammert sich ans Geländer, schluchzt und weint und möchte eigentlich heulen, heulen wie ein Hund. Diesen Triumph gönnt sie jedoch weder Tornow noch der Zickelbein oder irgend jemandem sonst in diesem Haus. Nein. Sie wischt sich das Gesicht ab, putzt ihre Nase und steuert sich hin zum Arbeitsamt.

Am Abend kann sie Emmi berichten, daß sie in Britz bei einem Bauern als Landarbeiterin Unterkunft und Brot finden wird. Harte Arbeit, aber gesetzlich sei damit alles geregelt, und wenn sie dann auch noch ihr Geständnis abgelegt hätte, sei sie im Rahmen der herrschenden Gesetze künftig wieder ein freier Mensch. Aufatmend, nicht ohne Stolz auf sich, erzählt sie das Emmi, die ihr beim Packen ihrer Habseligkeiten behilflich ist. »Mir kann keener, wie der Berliner sagt«, Auguste Loewenthal lacht jetzt sogar und nimmt ihre Postkarten, Grüße aus aller Welt, von der Wand ihrer Wohnküche, packt sie sorgfältig in ihr Nähkörbchen und hofft, daß sich dafür wohl überall ein Eckchen finden würde. Für die Erinnerungen und Pepi, der sie auch begleiten wird, das ist klar. Die Karten, Pepi, der Korbstuhl. »Da wird doch niemand was dagegen haben, was meinst du?« Doch Emmi hat anderes im Kopf: »Wenn ich den Tornow rumkrieje, mir Ihre Bude zuzuschlagen, dann könnte ich 'n Durchbruch machen un hätte zwei Zimmer, das is schon wie 'ne richtje Wohnung, was? Leisten könnt ick mir det jetzt. Finnst'n det, Oma Justchen?« Emmi betrachtet hypnotisch die Stelle, wo sie den Durchbruch – nicht nur der Wand, sondern auch ihres Aufstieges – annimmt und bemerkt daher nicht Oma Gustchens Betroffenheit. Daß Emmi derart ungerührt ihren Auszug kalkulieren würde, hatte die Loewenthal nie und nimmer erwartet. Aus ihrem Küchenschrank nimmt sie ein Etui, öffnet es. Eine Brosche liegt auf blauem Samt gebettet, ein schönes altes Stück. »Sie ist von meiner Mutter. Das ist alles, was ich von ihr habe.« Emmi greift nach dem Schmuckstück, hält es gegen das Licht. »Wie det funkelt! Blutrot!« Das Verlangen in ihrer Stimme ist unüberhörbar. »Es sind böhmische Granaten«, sagt Auguste und: »Ich werde sie abliefern, gleich morgen«, sagt sie noch. Emmi erhebt Einspruch. »So arme Schweine meint das Gesetz nich. Hans-Herbert sacht det ooch. Die Verordnung zielt uff Edelmetalle und Edelsteine, von reichen Juden.« »Er kennt sich da aus, dein Hans-Herbert, was?« Auch Guste, die geduldige, scheinbar schafsmäßige Auguste, kann zeigen, daß sie durchaus kapiert, was sich abspielt in Emmis Kopf. Die ist jetzt sehr verlegen, spürt, daß sie zu weit gegangen ist. »Na ja, wir haben drüber gesprochen, weil Hans-Herbert – der meinte also, wenn Sie und sollten was abzuliefern haben, dann würde er das für Sie tun.« Nun war es heraus, und sie hatte es doch noch ganz ordentlich hingekriegt, fand Emmi. Ein Blick auf Oma Justchen sagte ihr jedoch, daß die eben »Nachtijall, ick hör dir trapsen« dachte. »Wo wir doch befreundet sind.« Emmi will ihre habgierigen Gedanken jetzt selber ausm Kopp haben. Sie schämt sich. Umarmt Oma Gustchen stürmisch, schimpft heftig auf DIE DA, spürt aber genau, daß sie auf dem besten Wege ist, wie DIE DA zu werden. »Die soll'n 'ne olle Frau in Ruhe lassen! Sie haben doch überhaupt nüscht jetan!« Guste streichelt Emmi: »Wenn du das nur nie vergessen wolltest, Emmi«, sagt sie und drückt ihr die böhmischen Granaten in die Hand. »Behalte du sie, zur Erinnerung.« Emmi muß nun doch ein bißchen weinen. Wegen Oma Justchen, über sich und überhaupt.

Im Polizeipräsidium am Alexanderplatz sucht Auguste die Abteilung der politischen Polizei. Ein Herr Quade hatte geschrieben, daß sie am 27. 6. 1939 bei ihm vorzusprechen habe, zwecks Vorlegung eines Arbeitsbuches. Auguste Loewenthal ist nicht mutlos. Schließlich hat sie alles herbeigeschafft, was sie davor schützen wird, daß die Gesetze auf sie angewendet werden könnten. Deswegen klopft sie jetzt kräftig, selbstbewußt, keineswegs zaghaft, an Quades Tür. Wie sehr ihr Herz klopft, wird man hoffentlich nicht hören können. Von innen her kommt keine Antwort, also tritt sie ein. Stumm schaut Quade zu ihr hin, mit fordernder Geste verlangt er ihre Unterlagen, liest, daß die oben Benannte vom Arbeitsamt Berlin, Nebenstelle Fontanepromenade 15, eine Arbeit bei Bauer Heinrich Lehmann, Berlin-Britz, Johannisthaler Str. 14 als Landhilfe zugewiesen erhalten habe. Arbeitsbeginn am kommenden Tag. Quade fixiert sie. Beinahe strahlend nickt ihm Auguste Bestätigung zu. Unbeeindruckt davon, diktiert der jetzt seinem Schreiber: »Bei der bisherigen Lebensweise der vorgeladenen L. ist es kaum anzunehmen, daß sie auf der Stelle lange aushalten wird.« Nach einem taxierenden Blick fährt er fort: »Der schweren Arbeit bei einem Bauern dürfte sie ohnehin kaum gewachsen sein. Es ist daher mit Bestimmtheit anzunehmen, daß besagte Person wieder rückfällig werden wird und somit weiterhin eine Gefahr für die deutschblütige Männerwelt sein wird. Da also die Vermutung auf Fortsetzung besteht, wird die Jüdin Loewenthal der Dienststelle KJ zugeführt werden.« Dann befiehlt er noch seinem Schreiber: »Karteikarte anlegen. M II / 5 erhält Merkblatt. Merkblätter für Stapo erübrigen sich. Danke.« Der Protokollant verläßt den Raum. Auguste umklammert die Stuhllehne, ein Platz wurde ihr bisher nicht angeboten. Schweißgebadet versucht sie, ihre Gedanken zu sammeln, um möglichst unaufgeregt ihre Meinung vortragen zu können: »Sie setzen voraus, Herr Oberkriminal, was doch überhaupt nicht erwiesen ist! Ich bin keine Prostituierte.« Quade hat nicht einmal Mühe, gütig zu der Loewenthal zu sein. Sie ist ein Klacks für ihn, um das mal fern seiner sonst üblichen Amtssprache auszudrücken. Er leistet es sich, »echt nett« zu sein: »Frau Loewenthal, die Anzeige besteht, sie ist durch die Untersuchungen nach wie vor nicht widerlegt worden. Ihre sogenannten Zeugen – na ja. Für uns ist nicht bewiesen, daß Sie keine sind. Das Gesetz ist auf meiner Seite.« Auguste ist entschlossen, sich nicht weiterhin demütigen zu lassen. Sie wird sich zur Wehr setzen gegen das, was hier mit ihr, offenbar vorgefaßt, geschehen soll. »Wie vereinbaren Sie das, was Sie tun, mit Ihrem Gewissen!?« Wirklich rührend, denkt Quade, so 'ne olle Frau, total ahnungslos, was sie erwartet, und riskiert 'ne Lippe. Das gefällt ihm. So ein bißchen Katze und Maus spielen – das macht Spaß. Großmütig weist er jetzt auf den Stuhl, daß Auguste Platz nehmen möge. Sie setzt sich. Quade erläutert ihr nun, was SEIN FÜHRER sagt: »Das Gewissen ist eine jüdische Erfindung, sagt mein Führer. Die Tafeln vom Berge Sinai haben ihre Gültigkeit verloren.« Auguste vertraut ihm, denkt tatsächlich, daß sie sich mit ihm unterhalten kann, von Mensch zu Mensch sozusagen. »Ich schwöre, daß ich niemals –.« »Immer schön auf 'm Teppich bleiben.« Quade zieht jetzt etwas an. »Sie sind angezeigt worden. Verdacht auf Prostitution. So steht das hier. Reputierliche Bürger dieses Reiches haben Sie beklagt, und alle Befragten sowie die von Ihnen benannten Zeugen konnten die Beschuldigung nicht entkräften. So ist das. Meinen Sie, der Parteigenosse Tornow zieht seine Klage zurück? Denken Sie, der Gastwirt Graubener sagt plötzlich zu Ihren Gunsten aus? Glauben Sie das? Ergo: Es gibt einen Prozeß.« Immer kleiner wird Auguste in ihrem Stuhl vor dem gewaltigen Herrn Quade. Trotzdem. Sie wird kämpfen. »Und Jakobus?« Quade lacht. »Der Jude? Erstklassiger Zeuge das! – Gemäß dem Gesetze zum Schutze des deutschen Blutes sind Sie auf freiem Fuß eine GESETZESFALLE für deutschblütige Männer. Die Sache ist eindeutig die: Gestehen Sie nicht, wird Schutzhaft angeordnet, und das heißt Verbringung ins Kazet. Eine andere, freundlichere

Variante wäre« – steil auf richtet sich Auguste in ihrem Stuhl, und Quade registriert das zufrieden –, »Sie legen ein Geständnis ab, und ich schicke Sie für ein paar Wochen nach Rummelsburg ins Arbeitshaus. Sie haben 'ne Unterkunft mit Vollpension, und ich kann Ihre Akte ordnungsgemäß abschließen. Dann haben wir beide unsere Ruhe. Na? Ist das ein Angebot?« Auguste schweigt. Sie ist unruhig, und sie hat Angst. Dieser Mann da vor ihr, das weiß sie jetzt genau, ist kein guter Mensch. Seine Augen zeigen ihr, daß er mit ihr spielt wie die Katze mit der Maus. Ihr Schweigen dauert und wird sogleich von Quade quittiert: Er drückt einen Summer, ein Polizist kommt herein. Ungeduldig, wütend auch, weil die Alte es gewagt hat, ihn zu langweilen, ordnet er an: »Polizeigefängnis. Abführen. Sie haben eine Nacht Bedenkzeit«, knurrt er Auguste nach, die im festen Griff des Beamten zwanghaft dessen Schritten folgen muß.

Wie ein Häufchen Asche liegt Guste auf der Pritsche der Zelle. Es ist eine Doppelzelle, getrennt durch eiserne Stangen. Im Nebengelaß liegt reglos eine junge Frau. Sie liegt auf dem Bauch. Seit Stunden liegt sie so. Unheimlich ist die Stille, die von ihr ausgeht. Vom Gang her hört man das Klatschen einer Peitsche. Eine erbarmungslose männliche Stimme zählt die Hiebe. Bis fünfundzwanzig. Dann tritt Ruhe ein. Unerwartet beginnt die junge Frau zu sprechen. »Sie ziehen einem die Hosen aus, bevor sie anfangen. Für die Prozedur wird man auf eine Holzkiste geschnallt. Die ist manchmal noch blutig.« Wie unter Zwang richtet sich Auguste auf, nähert sich dem Gitter und preßt ihr Gesicht gegen die Stäbe. Vielleicht kann sie erkennen, wer da aus dem Dunkel zu ihr spricht. »So ein Bulliger schlägt«, sagt die leise Stimme. »Ohne Vergnügen. Ohne Scham. So wie man Holz hackt. Einfach so. Ich war schon zweimal dran in dieser Woche.« »Das dürfen die nicht«, sagt Guste ohne Überzeugung, nur um der anderen ein Zeichen zu geben, daß sie ihr zugehört hat. Die schweigt wieder. »Warum schlägt man Sie?« Auguste findet das eine ungehörige Frage, aber was gehört sich in dieser Lage, die allen Erfahrungen spottet? »Ich bin ein Unterseeboot«, sagt die schwache Stimme. Vermutlich ist die arme Frau durchgedreht, erklärt sich die Loewenthal deren wirre Mitteilung. »Ich bin untergetaucht. Ohne polizeiliche Anmeldung, verstehen Sie? Illegal.« »Ja, so ist das.« Auguste begreift und denkt, dies könnte ihr auch geschehen. »Die wollen meine Kontakte aus mir herausschlagen. Haben sie das geschafft, geht's ab. Sachsenhausen. ›Schutzhaft‹ nennen die das hier. In zivilisierten Ländern meint der Begriff, daß ein Mensch gegen mögliches Unrecht geschützt wird. Hier bedeutet er Folter und im KZ Arbeitserziehung mit tödlichem Ausgang.« Mühselig erhebt sich die junge Frau, rückt heran zu Guste an die Gitterstäbe und sagt eindringlich: »Liefern Sie denen ein Geständnis, irgendwas, das Sie parat haben, eher geben die keine Ruhe, und Sie sind zu alt, um deren Methoden durchzustehen. Besser Federn reißen im Arbeitshaus, als nackt auf einem Appellplatz zu stehen.« Ehe Auguste fassen kann, was da mit ihrem Leben geschieht, Pepi, der Korbstuhl und Emmi sind weit entrückt, greift die junge Frau nach ihrer Hand, drückt sie und bittet sie seltsam eindringlich, als gelte es ihr eigenes Leben: »Versprechen Sie mir, ein Geständnis abzulegen? Versprechen Sie's?!« Auguste will zögerlich nicken, da redet die andere weiter, wie im Fieber, intensiv, leise, ihren Mund dicht am Gitter, in der Höhe von Augustes Ohr flüstert sie: »Liebe Frau, verraten Sie mich nicht, ich weiß, Sie werden es nicht tun. Ich habe keine andere Wahl, verstehen Sie? Noch einmal auf dieser Kiste, und ich würde reden, reden, würde alles sagen, alles. Ich könnte damit nicht leben. Verstehen Sie das? Sie werden nicht die Wärterin rufen?!« Sie zeigt Auguste eine spitze Porzellanscherbe. Wie ein Blitz fährt das Begreifen in Auguste. Fassungslos, wortlos starrt sie auf die verzweifelte junge Frau, die ohne Hoffnung ist. Sie legt sich auf die Pritsche, von der sie nicht wieder aufstehen wird. Endgültig. Wie angeschmiedet umklammert Auguste das Gitter. Sie muß dahin schauen, wo in diesem Augenblick ein junger Mensch seinem Leben ein Ende macht, und sie steht da, ohnmächtig, kann nichts, darf nichts tun. Darf sie wirklich nicht? Wer nimmt ihr diese Entscheidung ab? Dies ist, das weiß Auguste genau, der verzweifeltste Augenblick in ihrem Leben.

Und wieder steht Auguste Sarah Loewenthal vor Quades Schreibtisch. Frei steht sie, ohne die Lehne des Stuhles als Halt zu benutzen. Sie beginnt ihre Litanei, daß der Protokollant Mühe hat, mit dem Schriftlichen nachzukommen. »Ich bin niemals einer regelmäßigen Beschäftigung nachgegangen. Ja, ich habe gelogen. Stets war ich Sittendirne, Kupplerin auch, und gemeingefährlich bin ich. Die Unzucht habe ich gewerbsmäßig betrieben. Eine Absteige hatte ich, und Sittendirne war ich, Sittendirne bin ich, Sittendirne –.« Auguste bricht ab mitten im Geständnis, dessen fremde Satzwindungen, die sie wie aufgezogen vorgebracht hat, ihr nun doch durcheinandergeraten sind. Der gläserne Blick von Quade wechselt hin zu Erleichterung, und also diktiert er jetzt, daß die Prostituierte, Personalien bekannt, als asoziale Jüdin in Schutzhaft genommen wird. Punktum. Eine Geste der Loewenthal stoppt sein Diktat. Mühsam bringt sie ihren Einwand hervor, bittet darum, von der Maßnahme, in Schutzhaft genommen zu werden, abzusehen, sie statt dessen ins Arbeitshaus Rummelsburg zu verbringen.

Quade ist begeistert von der Wirksamkeit seiner Methode: eine Nacht Bedenkzeit im Zellentrakt der Politischen. »Prachtvoll. Ja, die Juden. Köpfchen, Köpfchen. Wollen sehen, was sich machen läßt.« Er greift zum Telefon und bespricht mit Rummelsburg die Einlieferung einer weiblichen Person, Jüdin. Auf die Rückfrage nach deren Beruf läßt er seinen Blick einen Moment auf der Loewenthal, noch einmal soll sie schwitzen, dann sagt er »Arbeiterin«, und Auguste muß nun doch nach der Stuhllehne greifen. Jetzt, wo sie geschafft hat, was sie vorhatte, merkt sie, daß ihre Kraft verbraucht ist. Das heftige Sausen im Kopf verhindert, daß sie hört, was Quade noch fixiert für sie in Rummelsburg: »Sofortige Benachrichtigung, falls Besagte aus irgendeinem Grund zur Entlassung kommen sollte. Klar? Heilitler!«

Er legt den Hörer auf, knallt per Dienststempel ein fettes, rotes »J« in die Akte der Auguste Sarah Loewenthal und will sie nun durch einen Polizisten abführen lassen, da wird ihm Meldung gemacht, daß der Jude Jakobus in Sachen Loewenthal vorzusprechen wünsche. Erschrecken bei Guste. Quade registriert das und läßt »Vorführen, den Kerl!« hören. Jakobus tritt ein, tief verneigt er sich vor Auguste, dann baut er sich vor Quade auf und spricht wie aufgezogen: »Es ist mir unerträglich zu wissen, daß ein Mensch durch mein Versagen –. Nein, das ist falsch. Ich bekenne –. Auch das trifft es nicht. Ich klage an! Man hat mir eine falsche Aussage abgepreßt. Frau Loewenthal ist keine Prostituierte. Ich wurde gezwungen –.« Auguste ist in höchster Not. Sie sieht ihren Plan, der schon gelungen war, bedroht. Sie weiß nicht, was in Quades Kopf abläuft und muß daher überrascht feststellen, daß von seiner Seite unerwartete Hilfe kommt. So jedenfalls deutet sie dessen Reaktion. Quade nämlich haut gewaltig auf seinen Schreibtisch und brüllt genußvoll: »Schluß, Sie Zuhälter von dieser ollen Strichdirne. Abführen, den Kerl! Arschtritt und abführen!« Wie aus Zeit und Raum gefallen steht Auguste in Quades Büro, Polizeipräsidium, Alexanderplatz, und lächelt. Zittert und lächelt. Sie hat unter der Anspannung der letzten Tage ihren Verstand verloren. Quade schnipst hin zu dem Polizisten, der stößt die lächelnde und nickende Auguste vor sich her, führt die Willenlose, deren Körper von geheimen Beben geschüttelt wird, hinaus. Zufrieden schließt Quade die Akte Loewenthal und teilt dem Protokollanten mit: »Wir haben jedenfalls ein Geständnis und: DIE IST TOT. Sowieso –.«

Vor den Toren des Arbeitshauses Rummelsburg hält eine Grüne Minna, aus der Auguste herausgehievt wird. Sie nickt und schüttelt mit dem Kopf, schaut freundlich drein, als reiste sie in die Sommerfrische. Dann bebt und wackelt sie durch das Tor, dessen eiserne Flügel sich mit schrillem Ton, wie wehklagend über das Geschehen, hinter ihr schließen.

Von diesem Tag an wurde Frau Loewenthal von keinem Menschen, dem sie bekannt war, wieder gesehen.

Die Tänzerin

Eine Frau ist ein menschliches Wesen, das
sich anzieht, schwatzt und sich auszieht.

Voltaire

Fakten

Auf dem Registerblatt Nr. 3882 C des Sterbebuches vom Standesamt Charlottenburg wurde am 6. August 1943 aufgrund einer mündlichen Anzeige des Oberwachtmeisters Ernst Humboldt verzeichnet, daß die Tänzerin und Bildhauerin Oda Schottmüller, wohnhaft Berlin-Charlottenburg, Reichsstraße 106, am 5. August 1943, 19.18 Uhr in Berlin-Charlottenburg, Königsdamm 7, verstorben sei. Todesursache: Enthauptung. Der Anzeigende, dem Amte wohlbekannt, erklärte, er sei vom Tode aus eigener Wissenschaft unterrichtet.

Oda Schottmüller war, als sie an Enthauptung verstarb, exakt 38 Jahre, 5 Monate, 4 Tage, 19 Stunden und 18 Minuten alt.

Im Abschiedsbrief an ihre Mutter schrieb Oda: »...Ich habe nie alt werden wollen..., langsam verkalken ist bestimmt nicht schön...«

Am 21. 7. 1943 hatten DER FÜHRER, der Chef des Oberkommandos Wehrmacht und der Heeresjustizinspektor den Gnadenerweis für Oda und sechzehn weitere zum Tode Verurteilte aus dem Strafsachenkomplex »Rote Kapelle« abgelehnt. Am 4. 8. 1943 ordnete Admiral Bastian, Präsident des Reichskriegsgerichtes, die Vollstreckung der Urteile an.

Am 5. 8. 1943 geschehen, wie eingangs beglaubigt, in Berlin-Charlottenburg, Königsdamm 7, was im Klartext heißt: Strafgefängnis Plötzensee, Hinrichtungsschuppen.

Oda Schottmüller wurde in der Odenwaldschule bei Heppenheim an der Bergstraße erzogen. Klaus Mann, Sohn von Thomas Mann, der gleichfalls Zögling dieses pädagogischen Institutes von hohem Rang und internationalem Ansehen war, erinnert sich in seinem Roman ›Wendepunkt‹ an Oda so: »Sie zeichnete groteske Alpträume und gefiel sich in barocken Verkleidungen. Wir führten Tänze miteinander auf. Ich erinnere mich an einen, in dem sie den Teufel darstellte, während ich die Rolle der Nonne übernahm, die vom Bösen gelockt und geängstigt wird. Wir waren alle ungeheuer intensiv… Es galt, sich und dem Partner das eigene Genie zu beweisen. Oda hielt sich für genialisch.«

Von der Tänzerin Oda Schottmüller sind Rezensionen und Fotos geblieben sowie Berichte ihres Komponisten Kurt Schwaen.

Die Kritiker bestätigen einmütig den besonderen Reiz ihrer Vorführrungen, sie sind aber auch einig darin, daß die oft statuarische Strenge und die gestische Deutung von inneren Zuständen sowie die Vielfalt ihrer Masken, die sie beim Tanzen trug, mehr die Bildhauerin bestätigen als die Tänzerin. Auf den Fotografien ist Oda stets phantasievoll kostümiert und in spukhaften, bizarren, grotesken Bewegungsabläufen festgehalten.

Themen ihrer Tänze: Sehnsucht, Narr, Engel der Empörung.

Kurt Schwaen erzählt, daß Oda nicht hervorragend musikalisch war, aber von außerordentlichem Gestaltungswillen beseelt und mit starker Ausdruckskraft begabt.

Schwaen: »Sie war kein girl. Sie kleidete sich apart, hatte Ringe, Reifen, wie sie niemand besaß. Sie fiel auf.«

Odas Schmuckstücke waren selbst entworfen und von ihr gefertigt. Sie hatte das Gold- und Silberschmiedehandwerk erlernt. Fünf Jahre lang war sie Schülerin der Bildhauerin Milly Steger, einer Schülerin von Kolbe und Rodin. Das Museum für Deutsche Geschichte, Berlin, bewahrt in seinem Depot eine Plastik, ›*Die Kauernde*«, Höhe: 23,2 cm.

Die Skulpturensammlung des Preußischen Kulturbesitzes hütet ›*Mädchen mit Tuch*‹, eine Statuette aus Gips und Wachs, Höhe: 52 cm.

Es sind feine, anmutige Figuren. ›Die Kauernde‹ erzählt, daß Odas großes Vorbild Barlach war.

Im Besitz von Ina Ender, vormals Lautenschläger, Mitangeklagte im Prozeß gegen die ROTE KAPELLE und Freundin Oda Schottmüllers, ist ein winziges Figürchen, geformt aus Brot, das ein sphinxhaftes Wesen mit Katzenkopf und Brüsten darstellt. Beide Frauen haben gleichzeitig in Untersuchungshaft am Alex gesessen. Es war die letzte Gabe Odas an die Freundin Ina, eine Katzennärrin, wie Oda es auch war.

Das ist geblieben. Das und Briefe. Kassiber, die eine hilfreiche Wärterin zwischen Oda und Ina vermittelt hat.

Briefe

Briefe, die lebhaft, verträumt, heiter, spöttisch, eigensinnig und schmerzerfüllt das Wesen der Schreiberin spiegeln:

»...Es wäre eine Gnade gewesen, wenn sie gleich nach der Urteilsverkündigung Schluß gemacht hätten. Ich bin zwar ganz ruhig und wohlgelaunt – aber dies immer wieder alles durchdenken müssen ist qualvoll...«

»...Auf mich hat es (der Prozeß, A. D.) gewirkt wie ein abgespieltes Stück – so 150. Aufführung. Die Maschinerie knirscht schon in allen Fugen, und die Regieabsichten grinsen Dich aus jeder Ecke an...«

»...Zwar verrückt – aber ich werde mir heut noch mal die Haare wickeln, eigene Locken, etsch! Dann werde ich genießen, eine große – aber entsetzlich große Schachtel Pralinen auffressen...«

»...Jetzt bin ich nur noch auf Trauminsel und möchte nicht mehr gestört werden, außer von Dir. Todesfurcht oder so ähnlich habe ich gar nicht, nur ein bißchen Mitleid mit meiner Neugier – hätte ich doch so gern gewußt, wie das alles weitergeht. Die Todeszuckungen unserer Herren werden sicher nicht unflott ausfallen. Ich habe Dir ja gesagt, daß ich nicht im Sinne wie Coppi Kommunist bin, aber mich reut nichts – was ich getan habe – ich machte es gerade noch einmal, wenn ich zu wählen hätte. Ich sterbe mit gutem Gewissen, ob das unsere Herren Richter von sich auch einmal werden sagen können?«

Zierlich und doch kraftvoll, dunkelhaarig, ein wenig semitisch ihr Typ, gebildet, aus großbürgerlichem Hause. Zwei Frauen der Familie Schottmüller, Schwestern von Odas Vater, Frida und Hilty, hatten sich bereits zu Beginn des 20. Jahrhunderts bedeutende Positionen erarbeitet. Frida Schottmüller war Professor der Kunstgeschichte und erster weiblicher Kustos am damaligen Kaiser-Friedrich-Museum, dem heutigen Bode-Museum. Bode selbst hatte sie in den Stab seiner Mitarbeiter geholt. Hildegard Vielhaber (Hilty) redigierte und übersetzte für die Zeitschrift *Sozialistische Monatshefte*. Beide Frauen standen den Sozialdemokraten nahe.

Odas Entwicklung ist aus der Opposition zu begreifen. Sie war gegen bürgerliche Konventionen, gegen jede Art hergebrachten Denkens und Handelns. Sie war ständig auf der Suche nach ihr gemäßen Ausdrucksformen, nach ihrem Platz im Dasein.

Als die Deutschen sich für den Faschismus entschieden hatten, Hitler die Macht übernahm, gab Oda dem Bornierten, den Barbaren, dem Kulturlosen keine Chance.

Menschen, die Barlach, Kolbe, Schlemmer, Nagel, Mann und Einstein vertrieben und deren Werke vernichteten, waren in ihren Augen verächtlich. Als die Nazis nach der Kristallnacht ihre infame Aktion gegen die Juden als »Kochen der Volksseele« zu bemänteln suchten, hohnlachte Oda, daß »auf der kochenden Volksseele nicht das Wasser für eine einzige Tasse Tee hätte zum Sieden gebracht werden können«.

Die Freunde Odas, zu denen Schulze-Boysen gehörte, Dr. Elfriede Paul, die Weisenborns, Elisabeth und Kurt Schumacher, waren politisch aktiv, sie hatten Verbindungen zu anderen Intellektuellen, Arbeitern, Gewerkschaftern und Genossen der KPD – Antifaschisten wie sie. Die in Jahren erprobte Lauterkeit ihres Freundeskreises mag wohl für Oda ausreichende Bürgschaft gewesen sein, ihren antifaschistischen Kampf als sinnvoll, ja notwendig zu begreifen.

Oda und ihre Freunde wollten kein belangloses Leben führen. Sie lebten, kämpften und starben für die Befreiung ihres Volkes vom Faschismus, für eine friedliche Völkergemeinschaft, für ein menschenwürdiges Dasein.

Odas anfangs spielerische Haltung zu dem politischen Engagement der Gruppe wandelte sich bald durch die Mitarbeit in der Gemeinschaft der Freunde und unter dem Druck der kriegerischen Ereignisse. Sie arbeitete als Kurier für die Gruppe. Hans Coppi, der als Kundschafter für die Sowjetunion tätig war, betrieb seinen Funkverkehr aus der Wohnung von Oda.

Tod

Ein bewegtes Leben. Bewegend ihre letzten Worte: »...mich reut nichts – was ich getan habe – ich machte es gerade so noch einmal, wenn ich zu wählen hätte.« Eine junge, schöne Frau, begabt, klug, hat ihr Leben und Handeln eingesetzt für ein sinnvolleres, gerechteres Leben, für sich, für ihre Mitmenschen. Sie bestätigt diese ihre Entscheidung noch in einem ihrer letzten Zeichen.

Dann ist sie allein. Ein langer Gang, eine eiserne Pforte, wenige Schritte im Freien, die Tür in der Mauer, die zwei Höfe voneinander abgrenzt, alte Bäume vor abendhellem Augusthimmel, Vögel zwitschern ihr zärtliches Gutenachtlied, noch einmal sechs, acht Schritte – die Tür vom Hinrichtungsschuppen wird hinter Oda verschlossen.

»Dann drückte der Scharfrichter auf den Knopf. Das Fallbeil sauste herab, der Kopf der Verurteilten flog in einen bereitgestellten Weidenkorb. Der Blutverlust war ungeheuer. Die Beine der Sterbenden zuckten jedesmal so zusammen, daß die Holzpantinen im weiten Bogen fortgeschleudert wurden. In strammer militärischer Haltung meldete der Scharfrichter: ›Herr Oberstaatsanwalt, das Urteil ist vollstreckt.‹«

(Aus dem Bericht von Pfarrer Poelchau, der in Plötzensee bei den Hinrichtungen anwesend war.)

Die Nonne

Ja, die Nonnen haben nicht allein ein stren-
ges Gelübde der Keuschheit getan, sondern
haben auch noch starke Gitter vor ihren
Fenstern.
Oh, durch das Gelübde wollten wir wohl
kommen, wenn wir nur durch die Gitter
wären!

Lichtenberg

Bewußtsein: Das ist jede Form des Abbildens der Wirklichkeit im menschlichen Gehirn. Zu ihm gehören alle psychischen Prozesse, also auch die Empfindungen und die unbewußten Vorgänge. Seine höchste Stufe ist die rationale Erkenntnis. Bedenken Sie, Schwester Maria Magdalena, bedenken Sie immer, daß Ihre letzte Reise in die Welt voller Gefahren sein wird. Die Versuchungen der Hölle erwarten Sie dort. Unsere Seele muß ein Spiegel sein für den lieben Gott, sind wir dann in einen freundschaftlichen Verkehr mit IHM getreten, dann kommt der Teufel. Er kann es nicht leiden, wenn Gott uns zugetan ist. Er kommt mit seiner schlauen Kraft und spritzt uns besonders da, wo wir empfänglich sind, da, wo unsere Sinnlichkeit besonders hervortritt. Also, da achtsam sein, Schwester Maria Magdalena, und an die unendliche Liebe Gottes glauben. Versuchen Sie immer wieder, den Sinnen-Menschen in sich in Gewalt zu bekommen. Oh, der kommt noch so oft durch bei Ihnen, liebe Schwester, Sie wissen es. Unsere Reservate sollen aber keinen Wildwuchs haben vor Gott. Klein sein! Unsere Ohnmacht erkennen und uns vom Geiste Gottes leiten lassen. Denken Sie immer daran, daß die Welt nicht das Ganze und das Letzte ist. Sie ist nur eine Brücke, auf der man nicht stehenbleiben darf. Sie haben sich entschlossen, diese Brücke zu überschreiten. Froh, frei und bewußt haben Sie Gott die Treue gelobt. Gehen Sie hin, nehmen Sie Abschied von der Welt und denen, die mit Ihnen verwandt sind. Kehren Sie dann für immer in SEIN Haus zurück. Der liebe Gott sei mit Ihnen. Er führe und leite Sie.« So sprach die Mutter Oberin zu Magdalena vor deren Abreise in die HÖLLE WELT.

Das Zugabteil ist mäßig besetzt, typisch für den Reiseverkehr zwischen Ost und West. Ein Ehepaar, Rentner offensichtlich, eine junge Dame, ein Dienst-Reisender. So unterschiedlich die Passagiere sind, eines haben sie gemeinsam: Seit Stunden beschäftigen sie sich mit dem rätselhaften Geschöpf, das den Eckplatz gleich an der Tür einnimmt. Alle Bemühungen der Mitreisenden, sie ins Gespräch zu ziehen, sind gescheitert. Mehr noch, die ohnehin verschreckten Augen der teils gutmütig, teils neugierig Attackierten werden immer unruhiger. Unsicherheit ergreift sie mehr und mehr, je näher der Zug aus Köln seinem Bestimmungsort entgegenrollt. Warum ißt sie nicht, lehnt die freundlich offerierte Lektüre von Illustrierten ab? Nicht nur Ablehnung zeigt sie, nein – panische Angst! Wovor? Vor den Menschen? Vor den sündigen Titelbildern und mörderischen Schlagzeilen? Auf ihrer Stirn stehen Schweißperlen: Ist es Furcht? Ist ihr heiß? Sie muß hungrig sein, Durst haben, denn seit vielen Stunden reist man gemeinsam, und sie hat sich nicht von ihrem Platz gerührt. Die Hände hält sie verborgen unter ihrem Ordenskleid, und was das Unheimlichste ist: Sie schweigt. Stunde um Stunde schweigt sie.

Um so schweigsamer, desto mehr Maria ähnlich. (4. Gesetz des glorreichen Rosenkranzes)

Die Ordensschwester Maria Magdalena, Mitglied der Armen Dienstmägde Jesu Christi, steht vor dem ewigen Gelübde. Hinter ihr liegen sechs Monate Postulat, das 1. Gelübde, geleistet für drei Jahre, das 2. Gelübde, geleistet für zwei Jahre. Das sind die Prüfungen, die eine Ordensfrau auf sich nimmt bis zum Tage des ewigen Professes. Nur noch wenige Monate trennen sie von dem für ihr Leben so bedeutsamen Tag. Um Abschied von der Welt zu nehmen, verläßt sie für kurze Zeit das Mutterhaus ihres Ordens im Westerwald. Sie reist nach Berlin, Ost, um zum erstenmal ihrer Schwester zu begegnen. Der Suchdienst des Roten Kreuzes hatte erst kürzlich ihren Aufenthalt im Kloster ermittelt. Erste Begegnung also und Abschied. Abschied für immer.

Zuerst muß die Braut des Herrn den Weg des Opfers gehen und verkosten den bitteren Trank, der mit Galle und Essig gemischt ist, ehe sie den Wein der Liebe ihres Bräutigams verkosten darf. (Aus den Einkleidungsexerzitien)

Die letzte Paß- und Gepäckkontrolle. Fassungslos sehen die Reisenden im geöffneten Koffer ihrer auffälligen Reisegefährtin eine Thermosflasche, Stullenpakete, Obst, Schokolade. »Sie hungern dort so sehr«, sagt sie zum allgemeinen Staunen ihrer Mitreisenden.

Betet und bringet viele Opfer für die Sünder.
(Aus den Einkleidungsexerzitien)

Berlin, Ostbahnhof. Angstvoll gespannt suchen Magdalenas Augen den Bahnsteig ab. Die Blicke der Vorübergehenden halten einen Moment fest an der schwarzen Gestalt mit der weißen Haube. Rührend sieht sie aus, die Ordensschwester Maria Magdalena, Mitglied der Genossenschaft der Armen Dienstmägde Jesu Christi, in dem viel zu großen und für ihre mädchenhafte Gestalt viel zu schweren Ordenskleid. Wie ein Zugvogel, notgelandet in einem unbekannten Erdteil, wirkt sie. Seltsam ausgeliefert an eine ihr fremde Welt. Die Verwandtschaft hat sie schnell entdeckt. Tränen erlösen alle Beteiligten aus ihrer Hochspannung. Liebevoll beugt sich Magdalena zu den Kindern ihrer Schwester. Scheu weichen die Kleinen vor der Umarmung der Langerwarteten zurück. Wie große dunkle Fittiche eines unheimlichen Vogels wirken die ausgebreiteten Arme der Tante. »Sie sieht ja aus wie eine Krähe!« Enttäuscht wendet sich der Junge von ihr ab. Ratlos verbirgt Magdalena ihre Hände, mechanisch greifen sie dann zum Rosenkranz, hilfesuchend.

Arm im Lieben: Die armen Dienstmägde, sie sollen keine Heimat mehr haben in irgendeinem Ding. Den Geist der Armut besitzen, heißt aller Liebe und Anhänglichkeit ans Irdische restlos entsagen und die Armut liebhaben wie eine Mutter. Wer Gott besitzt, dem kann nichts mangeln.
(Aus den Einkleidungsexerzitien)

Der erste Tag. Die kleine Wohnung ist festlich geschmückt. Der Mittagstisch wie bestickt mit Azaleenblüten. Immer noch scheu sitzen die Kinder ihrer Tante gegenüber. Staunend und respektvoll hören sie ihrem Tischgebet zu. Aus ihrer Andacht auftauchend, bemerkt Magdalena die verlegene Stille. »Und ihr, ihr betet nicht?«

»Warum?« fragen die Kinder. »Gott zu danken für die reichliche Mahlzeit, seinen Segen zu erbitten, daß sie uns wohl bekomme.« »Bei Mutti schmeckt's immer. Sie verdient auch das Geld. Warum sollen wir Gott danken?« »Guten Appetit. Trotzdem«, wünscht Mutti ihrer Schwester Magdalena. »Sind sie – getauft?« Ganz vorsichtig fragt sie das. »Nein«, ist die Antwort. Die Ordensschwester legt den Löffel weg, greift zum Rosenkranz, sieht in die gesunden Kindergesichter, läßt den Kranz sinken, will aufstehen, setzt sich, seufzt, greift wieder zum Löffel, ißt. Dann nimmt sie eine Blüte vom Tischtuch, lächelt. Unerwartet und verschmitzt. Eine ganz andere Magdalena schaut plötzlich unter der strengen Haube hervor. Jung, lustig. Erstaunt sehen die Kinder diese Verwandlung und lachen ihr zu. Hastig, wie ertappt, legt Magdalena die Blume zurück.

Die Sinne abtöten, eitlen, unnützen Gedanken keinen Eintritt gestatten und über sein Herz wachen, daß nichts hineindringe, als mir die Ehrfurcht und Liebe Jesu antreibt.
(Aus den Einkleidungsexerzitien)

Gudrun:	»Warum?«
Magdalena:	»Quäl mich nicht.«
Gudrun:	»Ich? Ich sehe nur, wie du dich quälst. Vom Tage deiner Ankunft an. Jetzt bist du sechs Tage hier, übermorgen mußt du zurück. Ich sehe doch, was mit dir ist. Du möchtest noch bleiben, ja?«
Magdalena:	»Ja. Die Zeit ist mir wie im Fluge vergangen. Ich bin doch eben erst angekommen und soll schon wieder fort.«
Gudrun:	»Für immer. Niemals wieder. Verdammt noch mal!«
Magdalena:	»Fluche nicht.«
Gudrun:	»Entschuldige. Jahrelang habe ich nicht gewußt, daß ich eine Schwester habe, dann habe ich Jahre gebraucht, um dich zu finden. Jahre sind vergangen, bis wir uns endlich sehen durften und jetzt –!«
Magdalena:	»Das Wunder ist geschehen. Ich hatte es nicht zu hoffen gewagt. Wir haben uns liebgewonnen. Vom

	ersten Augenblick an. Ich habe eine Schwester, eine
	leibliche Schwester!«
Gudrun:	»Ich denke, du hast viele Schwestern, dort, wo du
	hergekommen bist.«
Magdalena:	»Viele und keine. Gott verzeih mir die Sünde.«
Gudrun:	»Warum mußt du zurück? Warum?!«

Treu im Dienen. Nur noch reine Verfügbarkeit in Gott sein. Es lieben, abhängig zu sein. Mit dem Tage der Profeß haben wir uns selbst enteignet. Immer auf Jesus schauen, sich von ihm leiten und belehren lassen. Dann aus Liebe zu Jesus schweigen im Leid, arbeiten und opfern. Je einfacher, ärmer, leidender jemand ist, desto näher ist Gott bei ihm.
(Vom Geiste der Genossenschaft der ADJC)

Bewußtlosigkeit: Das ist im psychiatrischen Sinne völlige Aufhebung aller Bewußtseinsvorgänge, also die Unfähigkeit des Subjekts, die objektive Wirklichkeit widerzuspiegeln. Die Einheit des Subjektiven und des Objektiven – das bewußtgewordene Sein – ist nicht herstellbar im Zustand der Bewußtlosigkeit.

»Sie ist ohne Bewußtsein«, unterrichtet die Krankenschwester den Stationsarzt. Ein Mensch ist ohne Bewußtsein. – Jung ist sie und hübsch anzusehen, wie sie da liegt, von einer rührenden Kindlichkeit. Das Ordenskleid verhüllte die Wirkung des Mädchens, erdrückte die Persönlichkeit. Nun liegt sie da, bewußtlos. »Totale Erschöpfung«, lautet die Diagnose des Arztes.

Maria, lehre mich allzeit tapfer ja sagen zu allem, was der Herr von mir verlangt. Ja zu allen Prüfungen, Heimsuchungen äußerer und innerer Art, ja zu aller Müdigkeit und Kränklichkeit, zu allen Entbehrungen, zu allem, was es auch immer sei, ein herzhaftes, mutiges, starkes Ja.
(Aus den Einkleidungsexerzitien)

»Nein!« Sie will nicht fort. Der Ort ist angenehm zum Nachdenken. Sachliche Strenge, keimfrei und weiß, ein Krankenzimmer – vertraute Umgebung. Wieder steigt das Fieber. »Nein! Nein!« kämpft sie, keucht sie und klammert sich an die lackweißen Eisenstäbe des Bettes. »Nein!« Eine Spritze beendet den Aufstand.

Maria Magdalena schläft. Wacht auf, denkt zurück, ist auf der Suche danach, wie alles angefangen hat.

Schweigsam gingen sie durch die Nacht, der Mann und das Kind. Im weißen Mondlicht, das die Schatten gefährlich schwärzte, sah die Baustelle noch verwirrender aus für das kleine Mädchen. Unheimlich klang das Gurgeln des Flusses in der Stille. Doch der Vater war ja da. Seine Hand, rauh und warm, hielt schützend ihre Kinderhand. Nachtwache. Die Brücke, die entstand, mußte geschützt werden, das verstand Magdalena, obwohl sie erst fünf Jahre zählte. In der Baubude war es warm, und es roch nach Kiefernholz. Die Pritsche schmal und hart, doch das Mädchen bemerkte es nicht, es schlief und träumte von Pilzen, Beeren und einem Waldmännlein. Die Gestalten aus Vaters Märchen purzelten wild durcheinander auf der dünnen Wolldecke, in die der Vater Magdalena jeden Abend wickelte. Stille. Der Wächter-Vater machte seinen Kontrollgang.

So war das, bevor Vater in den Krieg ziehen mußte.

Magdalena liegt wach. Ihre Blicke laufen durch das Zimmer, möchten die Jalousien durchdringen, kehren müde zurück. Wieder schließt sie ihre Augen. Wenige Tage nur durfte sie im Kreise ihrer Familie verbringen, diese wenigen Tage genügten, um all die sorgsam gehüteten Gedanken freizusetzen: niemals eine Familie, niemals Kinder, niemals ein Heim, das ihr gehört, zu dem sie allein und ihre Lieben den Schlüssel besitzen. Die Erschütterung über diese Erkenntnis, daß sie immer noch – nach so vielen Jahren noch! – Anfechtungen ausgesetzt ist, ist wie ein Sturm über sie gekommen. Hier in der sachlichen Strenge des Krankenzimmers möchte sie denken, vergleichen, wägen. Dieses NIEMALS, das ist stärker als alle Gebote, Regeln, Übungen, Gelübde. Niemals – das macht angst. Wieder und wieder flieht sie zurück in die Vergangenheit, in ihre Kindheit. Ist sie auf der Flucht vor sich und einer notwendigen Entscheidung oder auf der Suche nach den Zusammenhängen zwischen damals und heute? Das will sie herausfinden.

Novemberstürme tobten um die Insel Neuwerk. Die Gebäude auf dem kleinen Eiland mußten sich ducken, um diesem Ansturm unbeschadet zu entgehen. Wenige Häuser waren es nur. Darunter ein Hotel. Magdalena wohnte während des Krieges in diesem Hotel, bei Freunden ihres Vaters. Einsam war es dort im Winter, von einer ganz besonderen Stille. Man war sich selbst entrückt und gleichzeitig so nah, so auf sich angewiesen wie nirgends sonst. Die Stürme legten sich. Magdalena lief zum Strand. Wer würde ihr das glauben? Nie in ihrem Leben wird sie dieses Bild vergessen! Der ganze Strand lag voller Apfelsinen. Tausende goldkugelige Früchte im weißen Sand vor dem grünen Meer, unter blauem Himmel! Die seltsame Schönheit dieses Bildes, der Duft – gemischt aus Nordseetang und Südseefrüchten – das waren unvergeßliche sinnliche Eindrücke für die empfindsame Zehnjährige. Ein Frachter war aufgelaufen im Sturm. Strandgut. – Im Winter darauf, der Krieg war vorbei, bekam Magdalena wieder eine Mutter. Ihr Vater holte sie heim in die neue Familie.

Leise wird die Tür zum Krankenzimmer geöffnet. Tuschelnd, einander schubsend, schieben sich Gudruns Kinder in den Raum. Magdalena erwacht, sieht die kleinen Geister, stürmische Umarmung zwischen der kleinen und der großen Magda. Berni legt brav seine Blumen auf das Deckbett der Tante. Leuchtend heben sich die Blüten ab vom chlorweißen Bettzeug. »Warum hast du 'ne Mütze auf im Bett? Wie Rotkäppchens Großmutter?« fragt Magda. Die Tante ist verlegen. »Damit ich nicht friere, weißt du?« Das können die Kinder nicht glauben. Wozu hat man Haare auf dem Kopf?! Magdalena fühlt sich gefangen von den forschenden Blicken der Kinder. Zögernd erklärt sie: »Ich habe mein Haar verschenkt. Versteht ihr das?« Anhaltende Ratlosigkeit bei Magda. »Nee«, ist Bernis lakonische Antwort. »Geopfert habe ich es«, versucht Magdalena Klarheit in das Gespräch zu bringen, »für meinen Bräutigam.« »Oh, prima, dann kriegen wir 'nen Onkel! Wann heiratet ihr?« Berni will stets alles genau wissen. »Niemals«, antwortet Magdalena und ist nun ihrerseits verwirrt. Wie sollten die Kinder DAS verstehen können?

Sein (lat.: essentia): Wo vom Sein eines Dinges die Rede ist, wird zwar die Eigenschaftsfülle eines Dinges als seiend mitgemeint, aber nicht ausdrücklich ausgesagt. Daher erscheint der Begriff des Seins, der vom Sein selbst streng unterschieden werden muß, als der inhaltsärmste, und wenn man die mitgemeinte Inhaltsfülle denkt, als der inhaltsreichste, auf jeden Fall aber als der umfassendste und allgemeinste aller Begriffe, die es gibt. Das Sein läßt sich nur durch das Seiende, dessen Sein es ist, näher bestimmen. In dieser Weise tritt das Sein gegenüber dem Sollen, dem Denken, dem Wahren. Das Sein zeigt sich im einzelnen als: Dasein, Sosein, An-sich-Sein, Für-mich-Sein. Wesenssein etc. Alle diese Arten des Seins werden als Seinsweisen bezeichnet.
(Katholische Seinsphilosophie)

Weinend lief die Vierzehnjährige über die Landstraßen. Das war die Hölle. Wie sehr hatte sie sich nach einer Mutter gesehnt, nach Familienleben, wie andere Kinder es hatten. Nichts Besonderes wünschte sie sich, nein, nur Vater und Mutter. Die Stiefmutter war ihr fremd geblieben. Sie wollte ein Leben in der Stadt, Luxus. Der Vater liebte das einfache Leben. Mit Selbstmordversuchen suchte die fremde Frau ihn zu erpressen. Schrecklich verwandelte diese Ehe ihren Vater. Er trank, tobte, schlug Magdalena und die Frau. Das Kind floh. Floh aus Angst davor, daß der Vater das Bild völlig zerstören würde, das sie von ihm in sich trug, seit damals, als sie noch zu zweit auf Wanderschaft waren. – Vom Tage ihrer Flucht an war Magdalena allein. Sie trampte ins Rheinland. Dort kannte sie Menschen aus der Zeit, als sie mit ihrem Vater von Baustelle zu Baustelle gezogen war. Sie wurde freundlich aufgenommen. Wie aber sollte es weitergehen? Magdalena mußte arbeiten, um ihren Lebensunterhalt zu verdienen. Und sie mußte in Sicherheit gebracht werden vor den Nachforschungen ihres Vaters. Sie wurde Küchenmädchen in einem katholischen Kloster. Trotzdem hoffte und wartete sie jahrelang, daß ihr Vater sie suchen möge. Er hat das nie getan. –
Magdalena war wenig über vierzehn Jahre alt, da fragte man sie, was sie einmal werden wolle. »Ärztin«, antwortete sie. »Wer soll das bezahlen?« fragten die Klosterfrauen.

In der Schwesternschule eines katholischen Krankenhauses erlernte Magda Jahre später die Säuglingspflege. Ein lichter Raum, hohe Fenster, ein weiter Blick über die wunderschöne Rheinlandschaft. Eifrig hantierten die Mädchen an den Wickeltischen. Babypuppen sind der Ersatz für die künftig zu pflegenden Kleinkinder. Behutsam wickelt Magdalena die Attrappe, zärtlich nimmt sie das falsche Glück auf den Arm, tritt ans Fenster, schaut auf die Wiesen am Ufer des Flusses. Ihr Blick kommt zurück, sieht die Wickelpuppe im Arm, und heftig überfällt sie der Gedanke: »Niemals werde ich ein eigenes Kind in meinen Armen halten. Niemals. Das wird das größte Opfer sein, welches ich bringe.« Wenige Wochen später, als sie das Geld für ihre »Aussteuer« zusammen hat, wird Magdalena aufgenommen in SEIN Haus, bei den Armen Dienstmägden Jesu Christi. Für die Aufnahme in diesen Orden war es erforderlich, 900 DM sowie eine vollständige Ausstattung an Wäsche, Oberbekleidung und Schuhen mitzubringen. Damals zählte Magdalena siebzehn Jahre und hatte sich das Geld schon selbst erarbeitet. – Magdalena erwacht aus ihren fiebrigen Träumen. Die Kinder der Schwester sind immer noch bei ihr. »Wenn du gesund bist, fährst du nicht gleich weg, ja?« bitten Magda und Bernd. »Ich muß zurück, ich habe es versprochen«, versucht Magdalena zu erklären. »Und was man verspricht –« »– das muß man halten«, ergänzen die Kinder im Duett. Wiederkommen müsse sie jedoch, und zwar bald, ist ihre dringende Forderung. Da muß die Tante heftig ihre Nase putzen und erklärt nun, daß sie NIEMALS wiederkommen werde. Ganz still wird es im Zimmer. Vom Korridor her klappern Schritte. Der Chefarzt macht Visite. Reglos stehen die Kinder. NIEMALS? Was ist das für ein Wort? Warum? – Magdalena greift nach ihrem Gebetbuch, entnimmt ihm einen zerzausten, winzigen Blütenstrauß. »Hier habe ich etwas für euch, zur Erinnerung. Ich habe die Blumen als junges Mädchen auf den Rheinwiesen gepflückt, an meinem Lieblingsplatz.« »Im Westen?« Vorsichtig nimmt die kleine Magda die gebrechlichen Stengel aus dem unerreichbaren Land an sich.

»Schwester Maria Magdalena, in Ihrem Brevier fand ich diesen Blumenstrauß. Getrocknet, gepreßt und mit einem Grashalm umwunden. Was haben Sie dazu zu sagen?« fragte die Novizenmeisterin mit kahler Stimme, die aus einem dicken weißen Leib aufstieg wie Blasen aus einem Hefeteig. Hartnäckig bohrte sie weiter: »Wie hieß die Frage des Priesters bei der Gelübdefeier, Schwester Maria Magdalena?« »Seid Ihr entschlossen, in strenger Armut zu leben, arm gekleidet und ernährt zu werden, nichts ohne die Erlaubnis Eurer Oberin zu empfangen, zu behalten und wegzugeben?« lautete die monotone Antwort Magdalenas. »Was habt Ihr darauf gelobt?« »Ja, hochwürdiger Herr, mit der Gnade Gottes.« »Sie werden Ihre Sünde beim Schuldkapitel bekennen und Ihre Buße auf sich nehmen. Die Blumen werden Sie selbst vernichten«, sagte die Novizenmeisterin. Magdalena bekannte ihre Schuld, sühnte sie und – legte die Blumen zurück ins Brevier.

»Warum willst du niemals wiederkommen?« Magda kann es immer noch nicht begreifen. »Mein Beruf erlaubt mir nicht, zu verreisen.« »Mutti hat gesagt, du bist Krankenschwester. Du mußt doch Ferien haben, Tante Magdalena? Wir können darauf warten, nur versprechen mußt du es, ganz fest, ja?« Die Kinder umlagern ihre Tante, bringen sie in Not. »Setzt euch zu mir.« Magdalena versucht noch einmal, den Kindern begreiflich zu machen, warum sie für immer Abschied nehmen muß von ihnen. »Jeder Mensch hat einen Beruf. Man muß arbeiten, um leben zu können. Nicht jeder Mensch hat das Glück, den Beruf ausüben zu dürfen, den er sich wünscht.« Vorsichtig nähert sich Magdalena dem Punkt, den sie den Kindern verständlich machen muß. »Ich bin Krankenschwester geworden, Laborschwester. Das ist für mich mehr als ein Beruf. Berufung sagt man, wenn ein Mensch glaubt, nur diese Arbeit könne ihn so richtig glücklich machen. Berufung – das ist mehr als arbeiten um Brot und Kleidung.« »Mutti sagt, eigentlich wolltest du Ärztin werden«, widerspricht die Nichte, und Berni fordert ungeduldig die Aufklärung von: »Was ist nun NIEMALS, Tante Lena?« Die Folter weiterer Fragen wird Magdalena durch den Eintritt des Chefarztes erspart. »In wenigen Wochen werden Sie aus jeder Schönheitskonkurrenz als Siegerin hervorgehen«, sagt er und gibt ihr freundlich die Hand zum Gruß.

»Ich gab einer männlichen Person die Hand. Ich bekenne und bereue.«

Zweiwöchentlich fand das Schuldkapitel statt. Alle Schwestern, die Novizenmeisterin, die Mutter Oberin versammelten sich. Man warf sich auf den Boden, küßte ihn, bekannte seine Schuld. Vor allen Anwesenden. So war es vorgeschrieben, um die Demütigung voll zu empfinden, um die ICHVERLIEBTHEIT auszutreiben. Jede konnte jede einer Schuld bezichtigen. Ohne Widerrede mußte man das hinnehmen und die Buße tragen. Schwester Maria Magdalena war an der Reihe. Erbarmungslos sahen ihre Mitschwestern sie an, sie wußten schon, was nun kam, es war von Mal zu Mal dasselbe: »Ich gab einer männlichen Person die Hand. Ich bekenne und bereue.« Der Chefarzt des Krankenhauses, in dem Schwester Maria Magdalena arbeitete, war ein freundlicher Mann. Beim täglichen Besuch im Labor gab er der »hübschen, kleinen Schwester«, wie er sie nannte, die Hand. Er kannte die Regeln ihres Ordens nicht. Sie wollte ihn nicht verletzen, auch ihre Schweigepflicht nicht, und so blieb sie stumm. Dafür mußte Abbitte geleistet werden. Das war nicht das Ärgste. Schlimmer war, man tuschelte über sie, bezichtigte sie sündhafter Gedanken beim Händedruck des Chefarztes.

> Das ist die Frucht der Einsamkeit. Der Mensch ist für die Gemeinschaft geboren; lebt er abgesondert, isoliert, so verwirrt sich sein Denken, sein Wesen verändert sich. Wird der Mensch in einen Wald verbannt, so verwildert er; in einem Kloster, wo sich zu der leiblichen Dürftigkeit der geistige Zwang gesellt, ist es noch schlimmer. Man braucht viel mehr Seelenstärke, um der Einsamkeit als um der Armut zu widerstehen. (Denis Diderot)

»Genug für heute, ihr zwei«, der Chefarzt schiebt Magda und Bernd Richtung Tür. Kußhände, die Tür klinkt, Ruhe. »Haben Sie schon darüber nachgedacht, was Sie tun werden, wenn Sie wieder auf den Beinen sind, Schwester?« »So schnell komme ich nicht wieder auf die Beine.« Magdalena vermeidet bewußt eine Antwort.

»Herr Doktor, ein Unfall! Kommen Sie schnell, Lebensgefahr!« Eine Schwester nimmt den Chefarzt mit sich. Magdalena bleibt allein.

»Lebensgefahr! Lebensgefahr!« fährt der Widerhall der Worte im Zimmer herum, dann setzt er sich endgültig in ihren Gedanken fest.

Im Ambulatorium der Genossenschaft der Armen Dienstmägde Jesu Christi herrschte Hochbetrieb. Die Sirene eines Krankenwagens ertönte gleichzeitig mit dem Gong, der die Schwestern zum Mittagessen rief. Ein Mensch wurde hereingetragen. Lebensgefahr. Bluttransfusionen waren unumgänglich. Seine Blutgruppe mußte festgestellt werden. Schwester Maria Magdalena hatte Labordienst, aber es war Tischzeit. Sie mußte jetzt, auf die Minute, am Tische des Herrn ihre Mahlzeit einnehmen. Sünde wäre es, sie käme zu spät. Strafe war dann sicher. Was sollte sie tun? Sie tat ihre Pflicht, half einem Kranken. Dadurch verspätete sie sich um eine halbe Stunde an SEINEM Tisch. Hier die Buße: Mit ausgebreiteten Armen mußte sie, stehend, dem Verlesen eines Textes aus dem Neuen Testament zuhören. Ihre Mahlzeit mußte sie auf den Knien vor dem Bilde des Herrn einnehmen. Eine besonders reichliche Portion, die die Novizenmeisterin ihr absichtsvoll auftat, sollte die Tortur verlängern. Gebete, die außer ihren Pflichtgebeten zu verrichten waren, wurden ihr auferlegt, zusätzlich zu einem oftmals zwanzigstündigen Arbeitstag. Dadurch wurde Magdalena gezwungen, die wenigen Stunden Nachtruhe betend zu verbringen. Hatte man im Labor ein Reagenzglas zerbrochen: öffentliches Schuldbekenntnis – Buße. Hatte man notwendige Medikamente bestellt entgegen dem launischen Verbot der Mutter Oberin: öffentliches Schuldbekenntnis – Buße. Hatte man ohne besondere Einwilligung der Oberin einen Schluck Wasser getrunken, um den schweren Tag besser durchzustehen: öffentliches Schuldbekenntnis – Buße.
Hatte man das kleine oder große Stillschweigen gebrochen –. –
Schön ist das, freundliche Worte mit freundlichen Menschen zu wechseln. Alles, was einen bewegt an großen und kleinen Fragen, einander mitteilen zu dürfen. Zu wissen, ein Mensch hört zu, antwortet, rät, hilft. Das Gefühl zu haben: Da ist jemand, zu dem gehst du, mit ihm sprichst du, alles wird klar und einfach sein. Schön muß das sein. Ich muß stillschweigen, fremd an meinen Mitschwestern vorübergehen, darf meine Freuden nicht mit ihnen teilen, nicht mei-

nen Kummer. Alles muß auf IHN gerichtet sein. Muß? – Hilf mir, Herrgott, hilf. Die Mutter Oberin sagte, hier sei die Hölle, hier, wo meine Schwester lebt. Ich finde sie nicht. Oder bin ich schon so verwirrt, so sehr vom Teufel geblendet, daß ich nicht mehr sehe, wohin ich tappe?

»Schaffen Sie Klarheit in Ihrem Kopf, dann werden Sie gesund sein und können das Krankenhaus verlassen.« Der Chefarzt schließt die Tür hinter sich. »Klarheit«, denkt Magdalena. Unruhig wälzt sie sich im Bett. »Klarheit. Alles ist unklar, ist so seltsam entrückt, was bisher war; ist verrückt, muß zurechtgerückt werden. Verrückt? Bin ich verrückt?«

Wie eine Besessene fuhr die junge Novizin mit dem Besen zwischen die Patienten, die im Warteraum des Ambulatoriums saßen. Völlig überraschend kam dieser Überfall von der schönen Person mit den verwirrten Augen. Schreiend flüchteten die Postulantinnen. Resolut packten die älteren Schwestern zu, führten sie ab. Wilde Flüche stieß sie aus, versuchte immer wieder, sich zu befreien. Es gelang ihr. Sie warf die Röcke des schweren Ordenskleides hoch, fetzte – mit der Kraft der Verrückten – das grobe Leinenhemd in Streifen vom Körper, dann schleuderte sie die Haube von sich. Ihr blanker Schädel vertiefte die außerordentliche Wirkung dieser Szene. – Vor ihrem Eintritt in den Orden war die junge Frau Lehrerin an einer Oberschule. Es sind vorwiegend Frauen, die studiert haben, geübt sind im Denken, die im Kloster den Verstand verlieren. Zwei Häuser des Ordens der Armen Dienstmägde Jesu Christi waren damals, allein in Deutschland, belegt mit geistig verwirrten Schwestern. Junge Frauen, die den Druck der Unterwerfung des Geistes und des Körpers wider ihr Wissen, wider ihre Sinnlichkeit nicht ertragen konnten.

Selig, die arm im Geiste.
(Aus den Einkleidungsexerzitien)

»Schließen Sie Frieden mit unserem Herrgott. Ist Ihre Seele gesundet, wird Ihr Körper nicht länger seine Dienste verweigern.« Die Atmosphäre des Krankenzimmers ist kühl und klar, der Geruch von

Lysol bekämpft erfolgreich den von Weihrauch. »Was soll ich tun?« fragt die Ordensschwester Maria Magdalena den Pfarrer, der mit leichten, gleichmäßigen Schritten den Raum aufteilt. »Ich möchte in den Laienstand zurückkehren. Was soll ich tun?« Magdalena sagt es leise, bittend. Der Pfarrer schweigt und zieht Diagonalen durch den Raum. Dann spricht er: »Vom ewigen Gelübde, dem Tage, an dem das Tor der Welt sich endgültig für Sie verschließen wird, trennen Sie nur noch wenige Monate. Kehren Sie zurück, erfüllen Sie Ihr Gelübde. Prüfen Sie dort in der Geborgenheit des Klosters Ihren Aufruhr, bekämpfen Sie ihn. Dann fragen Sie sich reinen Herzens, wo Sie Ihr wahres Glück zu finden hoffen. In IHM oder hier unter den Menschen, in der Welt. Bedenken Sie wohl: Wenn eine Ordensfrau fällt, fällt sie tiefer als ein einfacher Gläubiger. Sollten alle geistlichen Übungen Ihnen nicht zur Einsicht verhelfen, bitten Sie Ihren Bischof um Dispens. Doch bleiben Sie standhaft, Schwester Maria Magdalena, denken Sie an den Tag Ihrer Einkleidung. Glauben Sie, daß Sie jemals wieder so selig werden lächeln können wie auf dem rührenden Bilde, das Sie im bräutlichen Schmuck einer Auserwählten zeigt?« Magdalena nimmt das Bild, betrachtet es.

Regel 5: Man vermeide, die Stirn und besonders die Nase in Falten zu legen, denn es soll äußere Heiterkeit, welche die innere widerspiegelt, zu sehen sein.
Regel 6: Den Mund presse man weder zu sehr zusammen noch halte man ihn zu weit geöffnet.
Regel 7: Das ganze Gesicht soll eher Freude als Trauer ausdrükken, auch kein anderes, weniger erhabenes Gefühl.
(Aus den Regeln der Bescheidenheit)

Ich möchte, wenn ich morgens aufstehe, in ein Bad gehen dürfen, das warme Wasser anstellen oder die kalte Dusche und nicht – wie zur Winterszeit im Ordenshaus – die dünne Eisdecke des Waschwassers vom Vorabend in einem Eimer durchstoßen müssen, um mich waschen zu können. Dabei sind alle entsprechenden Zimmer im Mutterhaus mit fließendem Wasser und Waschbecken versehen. Ich möchte mich waschen, wann immer ich das Bedürfnis habe, und nicht allmonatlich die Wascherlaubnis von der Mutter Oberin erbitten müssen. Ich möchte Seife verschwenden und nicht jeden noch so geringen Gegenstand in dieser erniedrigenden Haltung von der Mutter Oberin erbetteln müssen. Ich möchte meine Leibwäsche wechseln dürfen, wann immer es notwendig ist. Vor allen Dingen möchte ich das verschwitzte Zeug des Nachts ablegen dürfen. Das alles ist mir verwehrt.

Ich möchte weinen dürfen, lachen und singen, ja, vor allem singen. Singen, wenn mir das Herz voll ist, so daß ich singen muß, und nicht, wenn die Ordensregel es vorschreibt. Ich möchte in einen Spiegel sehen! Wie ich wohl aussehe? Zum erstenmal seit Jahren, die ich im Schoße der Allmutter Kirche verbrachte, habe ich wieder darüber nachgedacht, wie alt ich bin. Ich bin jung! Lieber Gott! Ich bin jung!

Kreuz, Demütigung, Abtötung und Opfer sind schwer, sehr schwer und bitter für meine Eigenliebe, aber heilsam.
Heilsame Mittel für die Seele einer himmlischen Braut.
(Ausspruch der Stifterin dieser Genossenschaft)

Magdalena:	»Die Zeit im Krankenhaus war eine Wiederholung des Postulats für mich.«
Chefarzt:	»Mit welchem Ergebnis?«
Magdalena schweigt.	
Chefarzt:	»Postulat – was verstehen Sie eigentlich genau unter diesem Begriff?«
Magdalena:	»Zeit der Prüfung. Es sind die Monate vor dem ersten Gelübde.«
Chefarzt:	»Wissen Sie, wie die Wissenschaft diesen Begriff definiert?«
Magdalena verneint.	
Chefarzt:	»Ein Grundsatz, der auf keinen einfachen Satz zurückgeführt, also nicht bewiesen werden kann.«
Magdalena:	»Sie hätten Chirurg werden sollen.«
Chefarzt:	»Meine Neigung gehört der Psychoanalyse.«
Beide lachen.	
Chefarzt:	»Jetzt haben Sie zum erstenmal gelacht. Großartig. Sie können sich auf Ihre Entlassung vorbereiten.«

Magdalena: »Nein.«
Chefarzt: »Gleichzeitig bin ich bereit, Sie erneut wieder aufzunehmen. Nicht als Patientin, nein, als Laborschwester. Was halten Sie davon?«
Magdalena schweigt.
Chefarzt: »Ja, dann werden Sie wohl reisen müssen. Ihre Aufenthaltsgenehmigung ist abgelaufen, sagt Ihre
               Schwester. Sie haben einander gefunden – schon
               heißt es, sich trennen. Für immer. Pech. Gottes
               Wege sind sonderbar. So sagen Sie doch, ja?«
Magdalena: »Wunderbar, heißt es, wunderbar.«

Einen Tag nach dem Ablegen des ersten Gelübdes war Schwester
Maria Magdalena von der Mutter Oberin verständigt worden, daß
ihre leibliche Schwester durch den Suchdienst des Roten Kreuzes
ihren Aufenthalt ausfindig machen konnte. Die Schwestern kannten
einander nicht, wußten nur von ihrer Existenz. Die eine, Magdalena, ging dreijährig mit ihrem Vater, die andere, Gudrun, blieb,
wenige Monate alt, bei der Mutter. Krieg, Teilung Deutschlands
brachten es mit sich, daß keine von der anderen wußte, ob oder wo
sie lebte. Sie suchten einander. Eines Tages also, nach dem Ablegen
des ersten Gelübdes, war Schwester Maria Magdalena von der Mutter Oberin verständigt worden, daß ihre leibliche Schwester durch
den Suchdienst des Roten Kreuzes ihren Aufenthalt ausfindig machen konnte. Der Poststempel der langersehnten Nachricht war unleserlich. – »Wann kam der Brief an, Mutter Oberin?« Die Antwort
auf ihre Frage blieb aus.

> Gott über alles lieben. O himmlische Liebe! O himmliches Leben
> meines göttlichen Bräutigams!
> (Aus einem Brief der Stifterin Mutter Caspara)

Ich wünsche mir einen Schlüssel zu einer Wohnung, die mir gehört.
Oder: Den Schlüssel in der Hand, also aufschließen könnend, aber
trotzdem zu klingeln. Zu klingeln, weil ich weiß, hinter der Tür
leben Menschen, die sich freuen, wenn ich komme, die mich erwarten, die mich lieben.

Einen Brief im Jahr darf ich noch schreiben, wenn ich zurückkehre und das letzte, das ewige Gelübde abgelegt habe. Einen Brief. Er wird zensiert werden von der Mutter Oberin oder der Novizenmeisterin. Lesen? Geistliche Lektüre. Aber nicht das Alte Testament. Das ist nichts für jüngere Schwestern, das verwirrt unsere Sinne. Warum wohl? – O Mutter Maria, was soll ich tun? Ich möchte ja treu bleiben im Glauben, aber – –.

»Sie, Herr Pfarrer?« wundert sich Magdalena. »Sie verlassen heute das Krankenhaus, sind wieder hergestellt, Schwester Maria Magdalena. Ich wollte nicht versäumen, Ihnen bis zu Ihrer endgültigen Abreise Asyl anzubieten. Wohnen und schlafen Sie im Pfarrhaus. Dort kann Ihre Seele keinen weiteren Schaden nehmen. Alle Zweifel werden in SEINEM Hause schwinden.«
»Sie glauben, daß meine Seele Schaden nimmt? Dort? Bei meiner Familie? Wo ich glücklich bin? Zum erstenmal, seit Vater mich verlassen hat, glücklich? Keine Minute möchte ich missen, die ich mit meiner Schwester und ihren Kindern verbringen durfte. Ich soll sie vorzeitig verlassen, um – ja, warum eigentlich? Die Zweifel, die ich habe über die Art, wie ich meinen Lebensweg weitergehen soll, sind doch nicht durch diese Menschen ausgelöst worden. Es sind Fragen, die für mich aus dem Zusammenleben mit ihnen entstanden sind, die ich mir beantworten muß, will ich nicht als Heuchlerin ins Mutterhaus zurückkehren.« – »Bedenken Sie noch einmal in aller Stille Ihren Entschluß, Schwester. Ich habe Nachricht aus Ihrem Ordenshaus. Dort sorgt man sich um Sie, bittet innig um Ihre Heimkehr. Für immer. Die Schwestern beten für Sie, daß Sie nicht in Todsünde fallen und – vielleicht – Ihr Ordenskleid ablegen ohne Einwilligung des Bischofs oder des Heiligen Vaters. Denken Sie an Ihre Gelübde!«

O gütiger Jesus! Ich, Schwester Maria Magdalena, weihe mich ganz Deinem Dienste. Daher gelobe ich der Heiligen Dreifaltigkeit, zu Ehren der unbefleckten Jungfrau Gottes, Mutter Maria, und aller Heiligen, daß ich als Mitglied der Genossenschaft der Armen Dienstmägde Jesu Christi nach deren Satzungen in Gehorsam, Keuschheit und Armut leben will. Diese Gelübde mache

ich heute für drei Jahre, mit dem Wunsche, sie alsdann zu erneuern und schließlich für immer ablegen zu können. O guter Jesus, hilf mir mit Deiner wirksamen Gnade.
(Aus den heiligen Gelübden)

Ich habe den Schlüssel! Herrgott! Die Kinder brachten ihn mir heute. Ich gehe aus Deinem Haus in ein anderes: aus dem Mutterhaus meines Ordens in das Haus meiner Schwester. Ich will keine Sünde auf mich laden. Mein Ordenskleid will ich in Ehren ablegen, sobald ich die Erlaubnis dafür erhalte. Führe und bewahre mich, o Herr, daß ich immer eine gute Christin sein darf. Amen.

An Seine Magnifizenz
Papst Johannes XXIII.
Rom
Vatikan

Heiliger Vater!
Ich wende mich mit folgender Bitte an Sie: Seit 1954 gehöre ich dem Orden der Armen Dienstmägde Jesu Christi an. Am 17. April 1957 legte ich mein Gelübde für drei Jahre ab. Im März 1960 ein weiteres Gelübde für zwei Jahre.
Infolge des 2. Weltkrieges und auf Grund widriger Familienverhältnisse wurde ich von meiner einzigen leiblichen Schwester seit meinem 3. Lebensjahr getrennt.
Erst im Jahre 1962 wurde mir die Möglichkeit gegeben, meine Schwester für zehn Tage zu besuchen. Auf Grund dieses Zusammenkommens ist in mir der unbedingte Wunsch und Wille groß geworden, mit meiner einzigen Schwester ständig zusammenleben zu wollen. Ich bitte Sie daher, Heiliger Vater, mich vorzeitig von meinem geleisteten Gelübde als Ordensschwester zu entbinden. Da ich auch weiterhin ein treues Mitglied der katholischen Kirche bleiben möchte, bitte ich Sie, mein Heiliger Vater, meinen Antrag zu befürworten. In dieser Hoffnung erwarte ich Ihre baldige, gefällige Antwort an meine Urlaubsadresse und verbleibe mit vorzüglicher Hochachtung – Maria Magdalena, A. D. J. Chr.

Warum antwortet mir der Heilige Vater nicht? Woche um Woche warte ich darauf, daß ich mein Kleid in Ehren ablegen kann. Ich möchte reinen Herzens vor SEIN Angesicht treten. Warum antwortet mir der Papst nicht?

Viele messen die Kirche nur mit irdischen Maßstäben. In Wirklichkeit ist sie der »geheimnisvolle Leib Jesu Christi«.
(Katholisches Hausbuch, Leipzig 1958)

Gudrun:	»Trink, das kräftigt.«
Magdalena:	»Was ist das?«
Gudrun:	»Rotwein.«
Magdalena:	»Das ist Sünde.«
Gudrun:	»Nein. Rotwein. Also trink. Heute nacht, als du geschlafen hast, habe ich deine Kleider gewogen. Zehn Pfund! Wie lange willst du sie noch schleppen?«
Magdalena:	»Bis ich Dispens erhalten habe.«
Gudrun:	»Glaubst du wirklich, daß der Heilige Vater von seinem Heiligen Stuhl aufsteht, deinetwegen?«
Magdalena:	»Gib mir noch einen Schluck.«
Gudrun:	»Das ist Sünde.«
Magdalena:	»Nein, Rotwein. Und er schmeckt mir.«

Mutter Maria, was soll ich tun? Zehn Wochen sitze ich jetzt wie eine Gefangene und warte, warte auf die Erlaubnis, SEIN Kleid ablegen zu dürfen. Keine Antwort. Bin ich verworfen? Straft er mich mit Verachtung? Es kann doch dem Heiligen Vater nicht gleichgültig sein, wenn sich ein Schaf aus SEINER Herde entfernt? Meine Schwestern im Mutterhaus glauben, ich würde als Geisel hier festgehalten. Geisel? Ja. Aber anders als sie es denken. Ich fühle mich gegeißelt, gedemütigt, ein Kleid tragen zu müssen, das mir nicht mehr ansteht. Aber es ablegen ohne Dispens? Ich will mich nicht mit Todsünde beladen, will mir nicht den Weg versperren zum Hause Gottes, unserer Kirche. Warum quält man mich mit dieser Wartezeit? Warum darf ich nicht in Frieden gehen? Mutter Maria, ich will IHM ja weiterhin dienen, nur anders als bisher. Hilf mir! Gib mir Deinen Frieden. Amen.

Es klingelt an der Wohnungstür. Für Besucher ist das eine ungewöhnliche Zeit, weiß Magdalena, die noch immer ihre Ordenstracht trägt. Sie ist unsicher, ob sie die Tür öffnen soll. Die Familie ist außer Haus. Schwager und Schwester sind zur Arbeit, die Kinder in der Schule. Was tun? Sie steht hinter der Tür und lauscht. Geräusche, Töne, wie sie ein Kleinstkind macht, sind zu hören. »Blllblwwwblb.«

Neugierig öffnet sie die Tür. Ein junger Mann steht draußen. Auf seinem Arm ein Baby. Ob er es für ein paar Stunden bei ihr lassen dürfe? Im Betrieb sei eine Havarie zu beheben. Seine Frau, die Mutter des Kindes, vermutlich wisse sie das, habe ihn und sein Mädchen verlassen. Kurzum: Wenn die Nachbarin nicht helfen würde –. Bedenkenlos nimmt ihm Magdalena das kleine Mädchen ab, versichert ihm, daß sie sogar ausgebildet sei, ihm diesen Dienst zu erweisen. »Wenn Sie das vielleicht auch nicht erwartet haben«, sagt sie verschmitzt und ahnt nicht, wie reizvoll sie in diesem Augenblick ausschaut. Obwohl der junge Mann in Eile ist, bleibt er wie gebannt stehen, mag sich von diesem Anblick – Nonne mit Säugling – nicht trennen. Magdalena löst die Situation, geht mit dem Kind in die Wohnung.

Wieder klingelt es. Zweimal kurz, einmal lang. Das ist das verabredete Zeichen der Schwester. Magdalena geht eigentlich nicht an die Tür, nicht auf die Straße, seit Wochen nicht.

Zweimal kurz, einmal lang. Sie erwartet ihre Schwester von der Arbeit zurück, zutiefst erregt aus mehreren Gründen. Magdalena öffnet die Tür. Draußen steht der Pfarrer. Fassungslos begegnen sich ihre Blicke. Magdalena hat ihr Ordenskleid abgelegt, trägt eine Kittelschürze, ihr Haar sprießt in lustigen Strubbeln in die Höhe, noch mißtrauisch, ob es wirklich wachsen darf. In ihren Armen hält sie das Kind. Wortlos stehen sie einander gegenüber, der Pfarrer und die Ordensfrau der Armen Dienstmägde Jesu Christi. Stumm schaut er auf das Kind, auf Magdalena, stumm wendet er sich, geht.

Im Labor des Krankenhauses gibt der Chefarzt der hübschen jungen Frau, der Laborschwester Magdalena, die Hand. – »Ich gab einer männlichen Person die Hand. Ich bekenne und bereue«, durchfährt es sie schreckhaft. Der Chefarzt lacht: »Das ist vorbei.« Herzlich verabschieden sie sich voneinander. Feierabend. Die freie Schwester schaut aus dem Fenster, bevor sie ihren Arbeitsplatz verläßt. Vor dem Tor wartet der Pfarrer auf sie mit dem Angebot, den Bischof von Erfurt nachträglich um Dispens für ihre Todsünde zu bitten, damit sie wieder die Kirche des HERRN besuchen kann. Außer dem Pfarrer wartet ein junger Mann, er hält ein kleines Mädchen an der Hand, mit der anderen wippt er den Kinderwagen, in dem ihr Sohn lauthals kräht. Magdalena schiebt die Gardine zur Seite, winkt ihrer Familie. Der Verlobtenring von IHM blitzt jetzt an ihrer rechten Hand.

Bewußtsein: Das ist jede Form des Abbildens der Wirklichkeit im menschlichen Gehirn. Zu ihm gehören alle psychischen Prozesse, also auch die EMPFINDUNGEN und die UNBEWUSSTEN VORGÄNGE.

Die Stellvertreterin

> Ich hasse eine kluge Frau.
> Es darf nie ein Weib in meiner Nähe sein,
> das mehr weiß, als ein Weib wissen soll.
> *Euripides*

Ich bin keine Einzelkämpferin.

Im Gegenteil. Ich suche Mitstreiter.

Alleingang ist sinnlos. Ich stelle mich. Bewußt. Mit meinem ganzen Leben.

Ich muß sagen, was mich bewegt.

Das, wovon ich sprechen will – ganz subjektiv sprechen will – ist übertragbar, anwendbar auf jeden von uns, denke ich.

Ich bin sehr aufgeregt.

Ich möchte den Verdacht einer »Zurschaustellung« vermeiden.

Daß ich hier öffentlich spreche, ist kein Zufall. Versuche, die ich mit mir anstelle, sind auch von allgemeinem Interesse, denke ich.

Der Weg, der mich bis an diesen Punkt geführt hat – ich habe ihn GEWÄHLT. Das Risiko war immer einkalkuliert.

Ein Mangel unserer Gesellschaft ist, daß viele unserer wichtigen Erfahrungen verlorengehen, weil es nicht üblich ist, über Persönliches zu sprechen. Man tut das nicht!

Ich finde wichtig, daß GELEBT wird, daß unser Bewußtsein die Qualität unseres Daseins bestimmt, daß ich meine Hoffnungen, Nöte, Überzeugungen, Schwierigkeiten öffentlich benenne, so wie meine Bereitschaft, an diesem dialektischen Prozeß LEBEN aktiv teilzunehmen. Ich bin zutiefst davon überzeugt, daß das wichtig ist für den Gesamtzustand unserer Gesellschaft, daß wir nur durch Offenheit und Vertrauen unsere Entwicklung gewinnbringend beeinflussen.

Trotz oder wegen dieser Überzeugung stecke ich in einer schwierigen Situation.

Krise – das Wort ist so belastet.

Entscheidungsfindung, Wendepunkt – das klingt gesünder.

Obwohl – ich fühle mich krank, am Rande meiner psychischen und physischen Kräfte.

Mein Mann hat heute nacht geschrien im Schlaf.

Ernste Signale. Klärung ist notwendig.

Offener Stil ist angesagt.

Anlaß und Auslöser dieser komplizierten Situation waren durchaus positiv. Heftig. Ein Urknall.

Zumindest für mich.

Vor wenigen Wochen wurde ich zum Generaldirektor unseres Kombinates gerufen. Das ist sehr ungewöhnlich.

Ich muß meine Biographie skizzieren, damit die folgende Dimension auch von Außenstehenden verstanden werden kann.

Ich bin Physikerin. Mittdreißigerin, verheiratet, zwei Kinder.

Seit knapp zehn Jahren arbeite ich in der Forschung eines sehr großen Industriebetriebes.

Unsere Arbeitsgemeinschaft war erfolgreich. Neue Werkstoffe, international marktfähig, wurden von uns entwickelt. Man lobte uns. Auch öffentlich. Die Werkstoffe aber wurden nicht in die Produktion überführt. Das blieb nicht ohne Wirkung auf unser Kollektiv, auf mich.

Der General, wir nennen ihn so, ist jung, erst kürzlich in sein Amt eingeführt. Er stammt aus unserem Bereich, ein Fachmann also. Er sagte: Hör zu, ich muß mir einen Stamm von Mitarbeitern schaffen, nicht nur für vier Jahre Zusammenarbeit, sondern langfristig. Ein Komplex von Maßnahmen wird angestrebt, um die Effektivität von Forschung und Entwicklung zu erhöhen. Du weißt, sagte er zu mir, daß dieser Bereich in der Kritik von »ganz oben« steht. (»Ganz oben«, das ist das Politbüro.) Das macht auch personelle Ablösungen erforderlich. Ich muß junge Menschen gewinnen. Der alte Kaderstamm ist nur schwer zu bewegen, sich neuen Forderungen zu stellen, er braucht Frischzellen. Ohne Umschweife, fuhr er fort, die Leitungstätigkeit in der Forschung muß eine andere werden. Du sollst als Stellvertreter des amtierenden Direktors eingesetzt werden. Das wäre der erste Schritt einer Maßnahme, der weitere folgen müssen. Wir brauchen Menschen, die kreativ sind, variabel im Denken, gute Strategen. Euch Physikern sagt man ja hohe Disponibilität nach. So redete er weiter und setzte obendrauf: Die Erfahrung mit dir hat das bewiesen. Der Amtierende ist ein ehrenwerter Mann, doch zu sehr Technokrat, Bürokrat, das bringt uns in der gegenwärtigen Situation nicht weiter. Wir stellen dich an seine Seite.

Der Parteisekretär, der dem Gespräch beiwohnte, lachte und sagte: Wir setzen ihm eine Laus in den Pelz.

Diese Laus sollte ich sein. Ich saß da wie vom Blitz getroffen. Plötzlich saß ich am Tisch des Generaldirektors. Auserwählt. Sozusagen für würdig befunden. Der psychische Effekt war groß. Spontan sagte ich zu. Hätte ich NEIN gesagt, das ist meine Überzeugung, wäre mein Recht auf Kritik künftig verwirkt.

Nun saß ich da. Bisher hatte ich stets nur von UNTEN nach OBEN kritisiert, jetzt war ich selber dahingesetzt: OBEN. Mit der Kraft des Generals. Von unten nach oben, zwei Stufen auf der Treppe der Rangordnung überspringend. Damit aber auch zwei Stufen wertvoller Erfahrungen. Plötzlich war ich der Chef meines Chefs!

Doch das Wichtigste war mir in diesem Augenblick die Aufforderung, mitzutun. Phantastisch. Aus allem Vorhergegangenen – meiner Biographie, der beruflichen Entwicklung, meiner gesellschaftlichen Arbeit – war der Boden für diese Herausforderung bereitet. Das Angebot kam auf den Punkt.

Ich fühlte mich ganz stark. Stark und fähig, gemeinsam mit anderen nach Lösungen für die anstehenden Aufgaben zu suchen, ja, ich war sicher, sie zu finden.

Dieser Augenblick war heftig von Euphorie besetzt. Das weiß ich, und ich vertraue auch der Kraft von Emotionen, ja, ich suche große Herausforderungen, Aufgaben von hohem Reiz. Ich bin nicht zufällig Physikerin geworden und in die Forschung gegangen.

Gemeinsam haben wir dann wesentliche Kritikpunkte angesprochen, Übereinstimmungen festgestellt. Ich setzte mein ganzes Vertrauen in den General und die Genossen an meiner Seite. Der Parteisekretär strahlte: Wir bauen dich ganz groß auf, und dann holen wir das Fernsehen!

Da hatte ich für den Bruchteil einer Sekunde das Gefühl, wie eine Marionette bewegt zu werden. Diesen Gedanken habe ich schnell verdrängt. Er störte. Das ist klar. Die massive Kritik an unserem / meinem Bereich Forschung und Technologie als Einheit rührte daher: Viele hundert Wissenschaftler bringen nicht die gewünschten Effekte. Wir fordern sie zwar ständig von der Forschung, aber die

Ergebnisse sind nicht zufriedenstellend. Die Konzentration auf strategische Ziele fehlt. »Mangelhafte Leitungstätigkeit«, so heißt der gegenwärtige Ermittlungsstand.

Der Hintergrund ist weit gespannt, meiner Meinung nach. Ich werde unumgänglich darauf zurückkommen.

Ich hatte beim General keinerlei Forderungen an meine Einsetzung geknüpft. Weder finanziell noch inhaltlich, z. B.: einen eigenen Geschäftsbereich betreffend, einen Arbeitsraum, Telefon und so weiter. Ich amtiere jetzt schon mehr als drei Monate. Ich habe weder ein Zimmer noch ein Telefon. Ich irre umher. Räumlich, meine ich. Meine Besucher empfange ich in einem Winkel des Korridors. Im Bereich beginnt man, über mich zu lachen. Das Zimmer des Direktors, dessen Stellvertreterin ich bin, kann ich nur benutzen, wenn er dienstlich unterwegs ist. Einen eigenen Geschäftsbereich hat er mir bis heute nicht zugewiesen. Dies sei nur in Klammern gesetzt. Doch das ist schon ein Vorgriff auf die Entwicklung, meine, UNSERE Entwicklung.

Nach dem Gespräch mit dem General mußte ich erst einmal meinen Mann informieren. Er sollte die aufregende Nachricht als erster hören. Von mir.

Ich habe noch nicht erwähnt: Wir arbeiten zusammen. Er ist Physiker wie ich. Wir haben gemeinsam studiert. Gegenwärtig arbeitet er an seiner Dissertation und bereitet sich auf eine Leitungstätigkeit vor. Es war und ist nicht immer leicht für ihn, daß ich zumeist einen Schritt vor ihm auf dem Weg bin. Er muß sich da aus unserem Umfeld manches Kleinkarierte anhören. Das wirkt sich aus. Auch zwischen uns. Tatsache ist, ich habe mich nur so entwickeln können, weil er das zugelassen hat, mich akzeptierte. Das hat mich stark gemacht.

Ich holte ihn also aus seinem Zimmer. Wir müssen immer auf den Korridor gehen, wenn wir im Betrieb etwas Vertrauliches miteinander besprechen wollen.

Fred reagierte phantastisch: Du kannst das, mach das, sie akzeptieren dich, erwarten was von dir, setze dich durch mit deinem ganzen Anspruch. Das ist genau die Herausforderung, die du gesucht hast.

Das war seine erste Reaktion.

Wir gingen aufgeregt und glücklich den Korridor auf und ab, erwogen Einzelheiten. Was ist machbar, was kann ich in dieser Funktion tun. Fachliche Kompetenz ist gefordert. Wer unterstützt mich, und so weiter.

Diese erste Phase war noch rundum positiv, die mögliche Fallhöhe noch nicht bedacht. Der Sturz aus den Wolken in die Wirklichkeit folgte schnell und heftig, mit Prellungen an Leib und Seele.

Als ich anfing in diesem Beruf, mußte ich als erstes separieren lernen: Ich darf die Herausforderungen / Angriffe auf fachlichem Gebiet nicht auf meine Person beziehen. Ich meine darauf, daß ich eine Frau bin. Gelingt einem das nicht, ist man nicht leistungstüchtig. Sehr hilfreich war in solchen Situationen mein Hauptabteilungsleiter.

Er nahm mich in sein Kollektiv, beteiligte mich an einem ganz neuen, aufregenden Projekt. Eine Spitzenleistung mit international herausragender Lösung war gefordert, eine große Sache, die ganz meiner Neigung entsprach. Die Unvoreingenommenheit meines Mentors machte von Anfang an jede Emanzipationsanstrengung überflüssig und setzte alle meine Kräfte frei für die Arbeit. Seine Frau ist ebenfalls Physikerin.

Frauen in der wissenschaftlichen Arbeit sind für ihn kein Problem.

Dieser Kollege war und ist für mich eine wichtige Orientierungsfigur. Um meinem Anspruch von Offenheit aller selbst zu genügen, muß ich an dieser Stelle einräumen, daß sich schnell herausstellte, daß er mich nicht nur als kreative Mitarbeiterin schätzte. Ich gefiel ihm als Frau. Er wollte mich. Das war deutlich.

Und – auch das muß ausgesprochen werden – mir gefiel die außerordentliche Spannung zwischen uns. Intellektuell und geschlechtsspezifisch. Das war neu für mich und aufregend. Ich trug diesen Virus in unsere Ehe. Er machte auch die Beziehung zwischen Fred und mir wieder heftig. Mein Problem war, daß Fred den Hintergrund dafür nicht kannte. Ich betrog ihn, verdammt, und das Verrückteste war, das machte mir Lust, Vergnügen.

Diesem Mann, meinem Vorgesetzten und Liebhaber, bin ich plötzlich VORGESETZT. Buchstäblich. Bin seine Vorgesetzte. Wahnsinn!

Dieser integre Mann zeigte sich betroffen, reserviert bis ablehnend gegenüber meiner Entscheidung. Was tust du? fragte er. Du gibst ein hochinteressantes, überschaubares Forschungsgebiet, ein erprobtes Arbeitskollektiv auf! Wofür?

Ein Stellvertreter in der Funktion Forschungsdirektor erschien ihm prinzipiell überflüssig. Ich würde aufgefressen von der Diskrepanz zwischen Angesagtem und Machbarem, war einer seiner Einwände. Man würde mich zum Papiertiger machen, der nächste. Du schreibst getürkte Erfüllungsberichte nach oben, sagte er, und wirst zum Mittler für die Weisungen nach unten. Auf deinem Fachgebiet kannst du in Ruhe forschen. Das ist viel. Sicher gibt es Reserven, die es lohnt freizusetzen. Subjektive Reserven, ja. Aber es gibt mehr objektive Bedingungen, die so sind, daß Menschen – subjektiv – davon erschlagen werden. Glaubst du, du könntest das ändern?! Du solltest das aus deiner bisherigen Praxis besser wissen.

So redete er mit mir. Vertraut und streng. Ich war betroffen. So hatte ich ihn nie erlebt. Eine so massive Absage von ihm, von dem ich gehofft hatte, er würde meine Entscheidung mittragen – darauf war ich nicht gefaßt.

Er blieb nicht der einzige. Meine Kolleginnen, Mitarbeiterinnen – da reichte das Urteil vom mitleidigen Lächeln bis hin zu offenem Unverständnis. Karrieresucht. Falscher Ehrgeiz. Deine Kinder sagen demnächst »Tante« zu dir, weil du kaum mehr zu Hause sein wirst. Und dein Mann? Ein schlechtes Gewissen solltest du haben, ihn in diese Situation zu bringen. Außerdem: Wofür?

Der Schock war enorm. Von der Warnung über Absage und Abkehrung bis hin zur Unterstellung war alles in den Reaktionen meiner Mitmenschen enthalten. Am deutlichsten reagierten die Frauen. Ihr Widerstand war geschlossener als der der Männer. Im Betrieb, im Wohngebiet, sogar in der Freundschaft gab es unerwartete Reaktionen, Risse. Lediglich zwei Frauen, in der Forschung tätig wie ich, freuten sich mit mir. Eine von ihnen – wie grotesk – war die Frau des Kollegen, mit dem ich nicht nur arbeitete in den Überstunden.

Unter dem massiven Druck wurde mein Mann schwankend. Er muß sehr verletzt worden sein. Er war zeitweilig verunsichert bis zur Aggression. Ja, du bist die Stärkste, die Größte! Er schrie seine Verzweiflung hinaus. – Das tut weh. Denn ich weiß doch, daß wir eine gemeinsame Anschauung der Dinge haben. Niemals, nie hätte ich meine Zusage gegeben, wenn ich geahnt hätte, welche Lawinen von Ablehnung über mich rollen würden, welche Konflikte meine Entscheidung auslösen würde. Niemals? Nein, das stimmt nicht. Ich WILL es. Trotzdem. Selbst wenn ich jetzt aussteigen würde, wäre ich innerhalb kürzester Zeit wieder in einer ähnlichen Situation. Ich bin so. Das ist mir eigen. Eine Eigenschaft. Ich gehe bis an die Grenzen meiner Kraft. Ein generelles Problem. Es beschäftigt mich sehr. Woher nimmt der Mensch die innere Kraft, sein Leben zu leben? Für viele ist das die Religion. Ich bin ohne sie aufgewachsen und spüre diese Kraft trotzdem. Die Wurzeln dafür sind in meiner Kindheit gewachsen. Auch der biologische Faktor, die Grundprägung des Temperamentes – alles spielt eine Rolle. Vom Organischen her bin ich Unterdrucker. Eher ruhig. Mit Neigung zur Depression. Ständig gefordert zu sein ist für mich Lebenselixier.

Fred sagt, seit ich diese Herausforderung angenommen habe, sei ich viel ausgeglichener. Aber das genügt nicht als Erklärung. Meine Biographie spielt dabei die entscheidende Rolle.

Da ist mein Großvater. Sein Leben hat viel mit meiner Art, die Welt anzuschauen, zu tun, meiner Weltanschauung.
Er war Kommunist, und er war in Buchenwald. Er hat das überlebt!
Ich werde nie vergessen, wie ich davon erfuhr:
Ich war Kind. Unsere Schule sollte den Namen eines Widerstandskämpfers erhalten. Dieser Mann war ein Freund meines Großvaters gewesen. Großvater wurde eingeladen, er stand vor der Klasse und erzählte von seinem Freund. Dessen Leben und Sterben. Er stand einfach da, erzählte und – weinte.
Großmutter ist auch so ein wesentlicher Mensch in meinem Leben.
Als ich 18 Jahre alt war, ich hatte eben mein Studium begonnen, kandidierte ich für die Aufnahme in unsere Partei. Gleichzeitig verliebte ich mich zum erstenmal. Heftig. Mit allen Konsequenzen. Er

war älter als ich. Schön war er. Ein richtiger Mann. Er kam aus einer ganz anderen Familie als ich. Aktiv religiös, künstlerisch vielseitig interessiert. Ich entdeckte erstmals, daß es Menschen gibt, die nach völlig anderen Mustern leben, fröhlich sind. Ich war so beeindruckt und irritiert von dieser Entdeckung, daß ich meinen Aufnahmeantrag für die Partei zurückzog.

Da reagierte meine Großmutter. Sie stand vor mir, sehr still. Wie soll ich das beschreiben? Echt. Ja, echt. Das war das wesentliche Markenzeichen meiner Großeltern. Sie stand also da und sagte: Du mußt es wissen, mein liebes Kind. Entscheidend ist, du bleibst unserer Sache treu.

Das ist ein Satz! Ich kriege heute noch Gänsehaut davon, so sehr hat er mich beeindruckt, getroffen. Und obwohl sie sonst zärtlich war, hat sie mich nicht in Versuchung geführt durch eine Berührung, eine Umarmung, für die ich empfänglich war. Sie wußte das. Sie stand nur da und schaute. Eine Figur wie von der Kollwitz. Ein Guß.

Mir ist die Tradition revolutionärer Arbeiterschaft VORGELEBT worden. Ich bin damit groß geworden, war darin eingebunden. Emotional verwurzelt, ja. Wie mein Vater. Der ist – so geprägt – hineingewachsen in diesen Staat, hat sich verantwortlich gefühlt und sich auch so verhalten.

Er fehlt mir sehr, mein Vater. Ich träume von ihm, so sehr fehlt er mir. Ich rufe nach ihm im Schlaf. So, als lebte er nicht mehr. Unser Kontakt ist rar. Seine Frau, die neue, hält ihn total besetzt. Die Familie, mein Elternhaus, Vater und Mutter – diese Kraftquelle ist versiegt seit ihrer Scheidung.

Ich kann zu meiner Mutter gehen.

Ich kann zu meinem Vater gehen.

Ich kann nicht mehr NACH HAUSE gehen.

Meine Kindheit war phantastisch. Vater ist Physiker. Ja, auch in der Berufswahl war er mein Vorbild. Er ist seit der Gründung der Partei ihr Mitglied. Er ist ruhig, sachlich. Früher nahm er mich mit in sein Institut. Er baute, bastelte, ich war dabei. Wir hatten eine innige Beziehung.

Mutter war Hausfrau. Es war schön, daß sie stets da war, verfügbar für uns alle, sozusagen. Aber dieser Widerspruch zwischen traditionellem und modernem Frauenbild, in dem sie steckte, machte sie unausgeglichen, schwierig, ungerecht. Wir hatten große Differenzen miteinander. Niemals wollte ich so werden, so leben wie sie.

Ihre Unzufriedenheit, ihre Unausgeglichenheit aktiv zu bekämpfen, das war die Empfehlung meines Vaters an seine Frau. Nimm eine Arbeit auf, sagte er. Sie wollte nicht. Scheidung war das Ergebnis im Jahre ihrer Silberhochzeit. Nun mußte sie arbeiten. Innerhalb kürzester Zeit hatte sie ihre Fähigkeiten aufgespürt, genutzt. Sie arbeitet immer noch, obwohl sie die Grenze zum Rentenalter überschritten hat. Sie existiert heute durch ihre Arbeit.

Die Erfahrung der Trennung meiner Eltern tut mir immer noch weh.

Perfektes Zueinander – das gibt es kaum. Aber Scheidung? Man muß zusammenwachsen.

Ich besuchte meinen Vater. Mit ihm zusammen wollte ich herausfinden, ob ich mich dieser Aufgabe stellen sollte, trotz aller Schwierigkeiten, die sie mit sich bringen würde. Auch eine Grundeigenschaft, die ich vom Vater habe: Ich lerne gern.

Das war schon in der Schule so, ist so. Nicht nur um des Wissens willen. Ich bin einfach neugierig, ob ich dies und das begreifen, leisten, erreichen kann, wenn ich mich anstrenge. Auch das ist ein wichtiges Grunderlebnis: aus Anstrengung und Leistung Befriedigung zu gewinnen. Das alles hat er mir vorgelebt, mein Vater. Es ist also auch ein Ergebnis seiner Erziehung, daß ich so bin, wie ich bin.

Wir gingen durch sein kleines Gewächshaus. Er sprach zu mir: Du mußt dich immer neu testen, den nächsten Schritt erproben. Das ist deine Veranlagung. Unabhängig von der Form der Gesellschaft. Dann kommt das Engagement hinzu: für die Gesellschaft. Dieses Brennen für eine Aufgabe.

Er war ganz und gar auf mich konzentriert, nur manchmal wies er mich auf eine besondere Orchideenblüte hin.

Ich erzählte ihm, daß mittlerweile beinahe alle gegen mich verschworen waren, seit sich die Offerte des Generals an mich herumgesprochen hatte.

Der Forschungsdirektor war gegen mich. Die Fachdirektoren waren gegen mich. Sogar der Parteisekretär des Bereiches war gegen mich. Er ist ein typischer Vertreter der männlichen Spezies, welche die Entwicklung der Frau verbal preisen, sie aber als Vorgesetzte nicht ertragen können und in den eigenen vier Wänden eine perfekte Hausfrau genießen; eine Partnerschaft darin sehen, daß die Frau ihre Kraft in die Position ihres Mannes steckt.

Muß das so sein? Ist immer einer der Starke und der andere schwach?

Gibt es das überhaupt: gleich starke Persönlichkeiten in der Partnerschaft?

Mach dich gerade, Mädel, sagte der Vater. Such dir Gefährten, Verbündete. Wenn du überzeugt bist davon, daß du was schaffen kannst in dieser Funktion, dann fang an. Wenn es schwierig wird, sage dir: Ich fühle, daß ich lebe! – Hat mir mein alter Professor mit auf den Weg gegeben, diese Weisheit. Heute, mit dem Älterwerden, dem Darübernachdenken – ich meine, ich habe zu oft geschwiegen. Disziplin! Parteidisziplin!! Ich hätte mich viel mehr einmischen müssen, mich bekennen.

So war das also. Endlich verstand ich, warum wir nach neun Jahren Berlin verlassen mußten, Vater SEIN Institut und seine Arbeit aufgeben mußte. Stalin. Der Schatten war auch auf sein Leben gefallen. Die Einführung der Planwirtschaft, sein Einspruch, der abgelehnt wurde und mit Versetzung in die Provinz endete – das hatte ihm zugesetzt. Immer. Seither ist er Invalide. Es hat mit Politik zu tun. *Nichts geht mit Durchärscheln*, sagte er. Ein guter Revolutionär muß geduldig sein. Und: Wir dürfen historisch nicht in so kurzen Zeiträumen denken. Lenins Worte.

Ja, Geduld ist wichtig, aber man muß sie aktiv handhaben. Das ist noch wichtiger. Die Grenze ist mein Körper. Wenn der sich verweigert, das ist die Grenze. Alles andere ist machbar. Ich denke, daß ich nicht als Symbolfigur mißbraucht werde. Etwa in dem Stil: Junge Wissenschaftlerin an vorderster Front im Kampf um neue ökonomische Strategien! Eine Strohfrau, sozusagen, Beweis für die Offenheit unserer Gesellschaft. Beschluß von Partei und Regierung. Erfüllt. Abgehakt. Das wäre furchtbar. Nein, ich bin sicher, ich werde gebraucht. Man meint mich. WILL MICH. Ja. Daran glaube ich. So gestärkt, habe ich meinen Vater verlassen.

Auch meine Biographie spricht für die Richtigkeit meiner Entscheidung. Studium. Promotion – Summa cum laude.

So war das immer. Stets die Beste. Ich hätte jedes Studium haben können. Ich suchte die größte Herausforderung. Die Physik. Ich verließ die Universität, wollte die Praxis, denn ich war unzufrieden damit, daß ein so großes geistiges Potential, wie es die Universität versammelt hält, nicht effektiv arbeitet.

Die fachliche Entwicklung im Betrieb, der fördernde, permanent fordernde Einfluß meines Mentors, das brachte mir Erfahrungen in der Werkstoffentwicklung im Labormaßstab. Ich lernte das betriebliche Profil kennen, wurde Leiterin eines Jugendforscherkollektivs, übte mich also in Leitungstätigkeit und lernte vom Zusammenspiel Forschung und Produktion, respektive von den Mängeln, denn: Wir hatten zwar erfolgreich zwei neue Werkstoffe entwickelt (das wurde groß ausgestellt durch Fernsehen, Presse, Messe), aber – wo sind sie? NICHT überführt in die Produktion! Ich sagte das bereits.

Ich wurde distanziert der STRUKTUR der Arbeit gegenüber. Ich war unzufrieden mit den Abläufen innerhalb des Kombinates. Es herrschte Kastendenken anstelle von übergreifendem Denken. Diese Mangelhaftigkeit habe ich selbst an der Basis erlebt. Aus meiner Sicht von UNTEN empfand ich das Leitungsregime als eine Mischung aus Operativität und Bürokratismus. Ohne substantielle Effekte. Es fehlte die durchgängige Planung und Bilanzierung des Produktionsprozesses. Es fehlte die Gesamtstrategie!

Ich wurde zur Parteischule geschickt. Dort begegnete ich einem Genossen, Seminarleiter, der intensiv und schrankenlos jedes aktuelle Problem mit uns diskutierte. Eine phantastische, aufregende Zeit! Dieser Genosse war und ist einflußreich für meine Entwicklung. Er inspirierte uns alle. Arbeiter, Angestellte, Ingenieure, Wissenschaftler.

Im Gespräch lernten wir einander kennen, begriffen unsere Probleme, ein wenig mehr auch uns selbst. Er wurde dann als einer der Fachdirektoren ins Kombinat berufen.

Ich hatte, so seine Aussage, die Diskussion aktiv mitgestaltet. Er schlug mich als seine Nachfolgerin vor. Ich wurde Seminarleiterin in der Parteischule. Die Genossen haben mich nicht eher aus dem Zimmer gelassen, bis ich ja gesagt hatte. Auch diese Entscheidung, damals, stieß schon auf das Unverständnis meiner Fachkollegen. Aber so ist das mit mir. Wie gesagt: Neuer Anspruch reizt mich immer. Jetzt war ich also Seminarleiter. Jeden Freitag von 7.00 Uhr bis 12.00 Uhr diskutierte ich bis zur Erschöpfung. Offenen Stil durchzusetzen, das ist kraftraubend. Wenn daran nicht das gesamte Umfeld mitarbeitet, ist es Sisyphusarbeit.

Die aktive Beschäftigung mit den Direktiven von Partei und Regierung im Zusammenwirken mit den Erfahrungen aus unseren Diskussionen in der Parteischule brachte mir fundierte Einsichten: die Betriebe betreffend, die Produktion, den Stand unserer Gesellschaft, ihre Effektivität. Durch die Arbeit an der Schule habe ich mehr von OBEN geguckt, eine bessere Draufsicht auf die Strukturen unserer Gesellschaft bekommen und begriffen, daß wir so nicht weiterwurschteln können. In Klammern gesetzt: Ich hatte eine wichtige Erkenntnis für meine spätere Entscheidung gewonnen. Nämlich: Wir fordern Qualität, aber wir schaffen sie nicht!

Diese These des immerwährenden Aufschwungs ist bei der gegenwärtigen Organisation der Arbeit und bei der oftmals verschütteten Motivation derer, die sie leisten müssen, nicht zu halten.

Welche Argumente bleiben denn, wenn man auf jeden Appell hört: Das versuchen wir doch schon jahrelang vergeblich! Ein praktisches Beispiel: In die von mir geleitete Seminargruppe war ein Genosse »delegiert« worden. Im Klartext: Er mußte wieder einmal den »Grundlehrgang« machen. Der Kurs sollte, sozusagen, seinen Kurs neu bestimmen. Was war passiert? Dieser Genosse leitete einen wichtigen Betriebsteil. Es kam der Tag, wo die Plandiskussion geführt wurde. Er stand auf, verweigerte seine Zustimmung zum Plan. Dadurch konnte der Plan nicht verabschiedet werden. Sein Argument gegen die Vorlage war: Die Planziffern wären nicht untersetzt, der Plan sei also nicht zu realisieren. Er versuchte, den überall im Land praktizierten PLANSCHWINDEL aufzudecken. Schwelende Probleme anzusprechen war selten verdienstvoll. Er wurde – wie gesagt – abgelöst und in den Grundlehrgang geschickt. Ein neuer Betriebsleiter wurde an seine Stelle gesetzt. Der stimmte dem Plan zu.

So war das bisher, ist es immer noch. Das mit verändern zu helfen ist unerläßlich für eine gute Entwicklung, für die notwendige Freude an der Arbeit. Ich denke, deswegen hat man mich gerufen, und ich fühle mich dazu aufgerufen, ja. Ich nahm die Aufforderung des Generals an, weil die subjektiv begriffenen und objektiv erkannten Erfordernisse / Notwendigkeiten zu diesem Zeitpunkt deckungsgleich aufeinander trafen. Und sie BETRAFEN MICH.

Zwei Schwerpunkte sind anzugehen: ökonomische Effektivität und dafür das Verantwortungsbewußtsein der Menschen im Produktionsprozeß zu fördern. Ihr Vertrauen, ihre Integrität und Intensität wieder zu beleben. Summa: Leistung ist gefragt, Qualität und Quantität. Geschaffen von Menschen, die den Arbeitsprozeß nicht nur als Last, sondern auch wieder als Lust begreifen können. Wie erreicht man das?

In diesem Prozeß aus Erkenntnis und Begreifen sowie vielen Fragen befand ich mich, als der General mich rufen ließ. Das war meine Stunde. Ich stieg voll ein. Rotierte rundum. Der Überblick war bald da, der Arbeitsstil mußte gefunden werden.

Mit Hilfe der Fachdirektoren und des Selbststudiums muß ich mich fachlich sattelfest machen, in allen Bereichen. Niemand nahm mich an die Hand.

Nicht wenige der alten Fach-Füchse hocken auf ihrem Wissen, geben es nicht weiter. »Junge Kader an die Front«, sagen sie und grinsen.

Mein Stil kann es nicht sein, morgens zu kommen und abzuwarten, was passiert. Der gegenwärtige Zustand ist so gekennzeichnet: Was ist machbar, was kann ich in dieser Funktion tun, wer unterstützt mich?

Obwohl ich nach wie vor kein Zimmer, keinen eigenen Geschäftsbereich habe, kann ich »Springersituationen« für meine Positionierung nutzen.

In einer Wochenend-Klausurberatung sämtlicher Fachdirektoren unter Leitung des Forschungsdirektors wurde dieser plötzlich abberufen. Ich mußte die Diskussion leiten. Ich habe das geschafft. Überzeugend, denke ich. Denn es stellten sich einige Direktoren mir zur Seite, halfen.

Auch mein Mentor, trotz anfänglicher Skepsis, zieht jetzt mit, will das Machbare mit durchsetzen helfen. Sein Verhalten hatte Signalwirkung. Es gibt also Anzeichen von Zustimmung, Zusammenarbeit. Nach anfänglicher Verhärtung bricht die Verkrustung auf. Ich habe hart dafür gearbeitet. In keiner Phase war Schonung angesagt.

Ich hoffe, daß aus einzelnen eine Vielzahl wird. Einzelkampf ist Opfertod, ist sinnlos. Offener Stil als Lebenshaltung, als Wirklichkeit, nicht als Losung, das ist, was wir notwendig brauchen, das hat Anziehungskraft.

Das Eis, über das ich bis dahin geschlittert bin, begann zu schmelzen, glaubte ich zu bemerken, da brach es überraschend ein, an ganz anderer Stelle. Meine Familie protestierte. Der Mann, die Kinder, die Schwiegerleute. Mein Mann implodierte erst, explodierte dann, versucht jetzt, das Problem im Alkohol zu ertränken. Die Kinder beklagen sich, daß ich kaum daheim bin. Schlechte Noten werden als Notsignale fabriziert.

Die Schwiegermutter hilft, wo sie kann, aber schweigt ausdrucksstark.

Sie duldet meinen Entschluß, verstehen kann sie ihn nicht. Die Uroma hält sich raus, was auch einer Stellungnahme gleichkommt.

Der Wäscheberg wächst, die Fenster müßten geputzt werden, die Nachbarin macht spitze Bemerkungen, und die Fleischersfrau legt mir zum Wochenende nicht mehr den Sonntagsbraten zurück, obwohl sie weiß, daß ich stets nur in letzter Minute kommen kann.

Freunde umarmen mich mit Distanz. Ich bin ja jetzt DIREKTOR. Geburtstagsgäste meines Mannes, mit aller Aufmerksamkeit von mir bewirtet, verabschieden sich zu ungewohnt früher Stunde, sie meinen zu stören, weil: Deine Frau ist ja nun was Höheres. Und als Steigerung: Na, meiner hätte ich was erzählt! – Das zeigt Wirkung bei meinem Mann. Verständlich. Überspitzt formuliert, fühle ich mich in solchen Situationen so: Im Betrieb bin ich befördert, gefordert im hohen Maße, was Anerkennung einschließt. Daheim – degradiert. Diese Situation führt auch zur Polarisierung unserer Emotionen in der Ehe, das ist begreiflich.

Ich denke, es ist für das Verständnis wichtig, zu sagen, wie und wo ich lebe. Die Einbettung meiner Familie in Haus, Hof und der Familie meines Mannes, die Tatsache, daß diese Familie seit vier Generationen in diesem Ort unter einem Dach lebt, ist ein wichtiger Punkt.

In dieser traditionellen Lebensweise steckt ein hoher ethischer Wert. Toleranz ist wichtig, um den Alltag miteinander leben zu können.

Ohne die Frauen der Familie hätte ich meinen Weg bis hierher nicht gehen können. Es sind herrliche Großmütter. Für ihre Hilfe bin ich herzlich dankbar.

Die Kinder sind stets versorgt. Doch dieses Eingebundensein ist Gewinn und Last. Ich wünsche mir auch noch ihr Verständnis.

Mein Mann ist stark in den Traditionen der Landschaft verwurzelt. Er fühlt sich hier sicher. Aus meiner Sicht läuft das so ab: Männer gehen sonntags zum Frühschoppen, haben ihren Skat, den Fußballklub oder Elferrat, setzen den Maibaum. Derweil drehen die Frauen daheim die Klöße für das Sonntagsmahl. So ist das. Die Frau spielt eine untergeordnete Rolle. Ich leiste das alles auch, denke ich. Doch mittendrein frage ich mich: Was machst du eigentlich? Ist das wirklich DEIN LEBEN?! So eines wollte ich nicht, kannte ich nicht von zu Hause.

Die Problematik der Doppellast besteht für Männer nicht. Meines Mannes Leute sind Handwerker, Lehrer, Holzleute. Die Frauen der Familie waren immer Hausfrauen. Im besten Sinne des Wortes. Sie waren und sind dominierend INNERHALB der Familie, ohne deshalb geistig überlegen zu sein. In diese Familientradition mußte ich mich einfinden. Das hat gedauert. Der Prozeß bis dahin führte uns durch alle Höhen und Tiefen. Heute toleriert man mich in dieser Familie. Angenommen bin ich nicht. Toleriert.

Vielleicht, weil sie sehen, daß ich alles gebe, bis zum Letzten, bis ich nicht mehr kann.

Meine Art, immer Neues anzugehen, aktiv zu sein, setzt meinen Mann unter Druck. Ich bringe ihn in Zugzwang. Er kann konzentriert arbeiten, analytisch denken, ist musisch sehr begabt, macht Texte, spielt jedes Instrument, ist witzig und vor allem grundgut. Aber er hat einen resignativen Grundzug. Das steht ihm oftmals im Wege, seine guten Anlagen in Erfolg umzusetzen.

Gegenwärtig arbeitet er an seiner Promotion. Er hat eine außerplanmäßige Aspirantur, ein interessantes Thema, es betrifft meinen Forschungsbereich. Ich möchte, daß er diese Arbeit erfolgreich abschließt. Er kann das. Ich weiß es.

Das Umfeld, in das er eingebunden ist, meine Person dazu, die ihn oftmals drückt – das führt zu Einbrüchen bei ihm. Diese Phasen rücken meine Stärke in den Vordergrund. Die Kinder erleben das. Das ist nicht gut. Sie sollen Widersprüche erfahren, ja, das ist wichtig, um die eigene Konfliktbewältigung frühzeitig zu lernen, aber sie dürfen nicht überlastet werden. Andererseits – mein Mann erdet meinen oft zu großen Optimismus.

Das ist nicht zu unterschätzen. Durch ihn hebe ich nicht ab. Niemand kennt mich so gut wie er.

Er steht meiner Entwicklung durchaus nicht kritiklos gegenüber, aber er weiß, daß ich so handeln muß, nicht anders kann. Aus Tradition, Überzeugung und Veranlagung. Gebremst bin ich unzufrieden. Das weiß er. In guten, starken Stunden, sagt er: Du blühst auf seit der neuen Funktion. Sie entspricht deinem Wesen.

Das Beste an unserer Beziehung derzeit ist, daß wir miteinander im Gespräch sind. Das ist kraftraubend, aber lebensnotwendig für den Bestand unserer Bindung, die ich erhalten will. Scheidung ist keine Lösung.

Ich habe durch meine Eltern erfahren, wie negativ das ist, besonders für die Kinder. Wir sind es doch, die unseren Kindern Mut und Kraft geben müssen, ihr Leben anzunehmen, es zu bestehen, es zu lieben.

Konflikte, Auseinandersetzungen, Entwicklungen begreifen, mitbestimmen – das bedeutet für mich LEBEN. Mein Mann sehnt sich nach Harmonie, Ordnung, Gemütlichkeit.

Ich kann aber nicht auf allen Bahnen gleichzeitig starten und überall als Sieger ins Ziel kommen. Ich muß und will den Kompromiß leben bis an die Grenze meiner Kraft. Doch die Erfahrung ist, wenn ich nicht stark bin, kann er es auch nicht sein. Das macht Ängste. Dann befürchte ich, es gibt kein Delta mehr zwischen ihm und mir.

Trotz alledem will ich die Familie. Die Kinder sind ein ungetrübter Kraftquell. Von ihnen kriege ich so viel zurück. Ich brauche ihre Zuwendung, ihre Zärtlichkeit. Ihren Anspruch möchte ich immer erfüllen. Das bedeutet oft, daß ich die Hausarbeit erst machen kann, wenn sie zu Bett sind.

Trotz alledem will ich den Beruf. Ich will Forscher sein, gesellschaftliche Aufgaben lösen. Das geht nicht im Alleingang, sondern nur mit der dazugehörigen notwendigen Auseinandersetzung. Eine Fähigkeit, die bei uns, schon vom Schulsystem her, nicht gut entwickelt ist.

Probleme fehlender Leistungsbereitschaft rühren daher, daß wir nicht genügend Leistungsprinzipien haben. Das soziale Netz unserer Gesellschaft ist groß und weit gespannt. Niemandem passiert was. WIE jeder seinen gesellschaftlichen Auftrag – Arbeit als Recht und Pflicht – erfüllt, wird nicht klar abgerechnet. Wohlstand, Konsumdenken, wenig Arbeit, viel Geld einstecken – das sind auch Ergebnisse fehlender Kriterien für die Abrechnung von Leistung in einer sozialistischen Gesellschaft. Wir haben Reserven. Aber: Mittelmaß bringt keine Leistung. Und Fakt ist, in betrieblichen wie kommunalen Bereichen, daß die Menschen zu wenig gefordert sind. Sie sitzen ihre Zeit ab, stecken ihr Geld ein. Das war's dann. Wir müssen begreifen, daß die reine Theorie über die Entwicklung sozialistischer Gesellschaftsformen und -normen (mit dem hochentwickelten Kapitalismus vor der Tür, der unsere Bedürfnisse zwangsläufig mitbestimmt), sich nicht automatisch in die Praxis überführen läßt, denn: Alte Formen erledigen sich nicht selbständig. Formen für unser Miteinander müssen aus den bisherigen Erfahrungen abgeleitet werden.

Nach allem Für und Wider sage ich: Ich will, daß GELEBT wird, daß das Bewußtsein unser Sein bestimmt. Nur dann macht es Sinn.

Ich weiß, daß meine Kinder manchmal zu kurz kommen, daß ich bis zur Erschöpfung arbeite, daß ich anderen und mir oftmals schmerzhafte Auseinandersetzungen zumute, daß ich Ängste habe. Trotz alledem will ich, wie gesagt, den Beruf und VERSTÄNDNIS für mich.

Offenheit muß zur Komplexität unseres Lebens gehören. Wollen wir das, was auf unserer Fahne steht, wirklich machen, weiterführen, sind neue Strategien des Denkens und Handelns unerläßlich.

Wir müssen Kriminalität, Alkoholismus, Suizide, überhaupt psychische Erkrankungen, als signifikante Erscheinungsformen unserer Gesellschaft BEGREIFEN, sie nicht ignorieren oder gar verleugnen.

Es müssen gemeinsam Lösungen gefunden werden, diese Fehlentwicklungen in unserer Gesellschaft zu korrigieren. Wir müssen Qualitäten verbessern, Werte bewußt machen, Persönlichkeitsentwicklungen nicht dem Zufall überlassen, Tabus aufbrechen, psychische Zwänge abbauen, die Fähigkeit entwickeln, sich mit Problemen auseinanderzusetzen.

Ich weiß, ich wiederhole mich, aber das ist kein Zufall.

Diese Forderungen – im Arbeitsprozeß und als total gesellschaftliches Wesen – nicht nur zu behaupten, sondern umzusetzen, darum geht es mir. Dafür Partner, Mitstreiter, Freunde gewinnen, das will ich.

Diese Notwendigkeit ist meine Überzeugung. Deswegen stehe ich hier. Und ich sage – nicht trotz, sondern wegen allem zuvor Gesagten:

Ich fühle eine große Stärke.

Die Frau in der Gesellschaft

Bonnie S. Anderson/
Judith P. Zinsser
**Eine eigene
Geschichte**
Frauen in Europa
**Band 1: Ver-
schüttete Spuren**
Frühgeschichte bis
18. Jahrhundert
Band 12049
Band 2: Aufbruch
Vom Absolutismus
zur Gegenwart
Band 12050

Elisabeth
Beck-Gernsheim
**Das halbierte
Leben**
Männerwelt Beruf –
Frauenwelt Familie
Band 3713

Jessica Benjamin
**Die Fesseln der
Liebe.** Psychoana-
lyse, Feminismus
und das Problem der
Macht. Band 11087

Jessica Benjamin
**Phantasie
und Geschlecht**
Psychoanalytische
Studien über Ideali-
sierung, Anerken-
nung und Differenz
Band 12858
(*in Vorbereitung*)

Susan Brownmiller
**Gegen unseren
Willen**
Vergewaltigung und
Männerherrschaft
Band 3712
Weiblichkeit
Band 4703

Roswitha Burgard
Mut zur Wut
Befreiung aus
Gewaltbeziehungen
Band 12222

Anne Campbell
**Zornige Frauen,
wütende Männer**
Geschlecht und
Aggression
Band 12381

Andrea Dworkin
Pornographie
Männer beherr-
schen Frauen
Band 4730

Herausgegeben von
A. Ebbinghaus
**Opfer und
Täterinnen**
Frauenbiographien
des National-
sozialismus
Band 13094

Sylvia Fraser
Meines Vaters Haus
Geschichte
eines Inzests
Band 4751

Fischer Taschenbuch Verlag

Die Frau in der Gesellschaft

Nancy Friday
Wie meine Mutter
My Mother my self
Band 3726

Chaika Grossman
Die Unter-
grundarmee
Der jüdische
Widerstand in
Bialystok
Ein autobiographi-
scher Bericht
Band 11598

Signe Hammer
Töchter
und Mütter
Über die
Schwierigkeiten
einer Beziehung
Band 3705

Gertrud Heise
Reise in die
schwarze Haut
Ein Tagebuch
Band 3762

Claudia Heyne
Tatort Couch
Sexueller Miß-
brauch in der
Therapie
Ursachen, Fakten,
Folgen und
Möglichkeiten
der Verarbeitung
Band 12543

I. Hülsemann
Ihm zuliebe?
Abschied vom weib-
lichen Gehorsam
Band 10407
Mit Lust
und Eigensinn
Die weibliche Er-
oberung des Glücks
Band 11857

Monika Jonas
Behinderte Kinder-
behinderte Mütter?
Band 4756

Gisela Kramer
Wer ist die Beste
im ganzen Land?
Konkurrenz unter
Frauen. Band 11292

Karin Kraus/
Gudrun Reinke
Von der Pubertät
bis zu den
Wechseljahren
Band 12536

Ilse Lenz/
Ute Luig (Hg.)
Frauenmacht
ohne Herrschaft
Geschlechterver-
hältnisse in nicht
patriarchalischen
Gesellschaften
Band 12827

Linda Leonard
Töchter
und Väter
Heilung einer ver-
letzten Beziehung
Band 4745

Fischer Taschenbuch Verlag

Die Frau in der Gesellschaft

Harriet G. Lerner
**Das mißdeutete
Geschlecht**
Falsche Bilder
der Weiblichkeit
in Psychoanalyse
und Therapie
Band 11842
**Was Frauen
verschweigen**
Warum wir täu-
schen, heucheln,
lügen müssen
Band 12030
**Wohin mit
meiner Wut?**
Neue Beziehungs-
muster für Frauen
Band 4735
Zärtliches Tempo
Band 10115

H. Lightfoot-Klein
**Odyssee einer
Frau in Afrika**
Eine Lebensgeschi-
chte. Band 12324

H. Lightfoot-Klein
**Das grausame
Ritual**
Sexuelle Verstüm-
melung afrika-
nischer Frauen
Band 10993

Karen Lison/
Carol Poston
**Weiterleben
nach dem Inzest**
Traumabewältigung
und Selbstheilung
Band 10422

C. Meier-Seethaler
**Ursprünge
und Befreiung**
Die sexistischen
Wurzeln der Kultur
Band 11038

Silke Mertins
Zwischentöne
Jüdische Frauen-
stimmen aus Israel
Band 12829

M. Mitscherlich
**Die fried-
fertige Frau**
Eine psychoanalyti-
sche Untersuchung
zur Aggression
der Geschlechter
Band 4702
**Über die Mühsal
der Emanzipation**
Band 12473

Toril Moi
**Simone
de Beauvoir**
Die Psychographie
einer Intellektuellen
Band 12823

Sybil Oldfield
**Frauen gegen
den Krieg**
Alternative zum
Militarismus
1900-1990
Band 12009

Fischer Taschenbuch Verlag

Die Frau in der Gesellschaft

Marina Pino
**Im Dienst
der ›Familie‹**
Weibliche Drogen-
kuriere der Mafia
Band 12697

Ulla Roberts
**Starke Mütter –
ferne Väter**
Töchter reflektieren
ihre Kindheit im
Nationalsozialismus
und in der Nach-
kriegszeit
Band 11075

Helke Sander/
Barbara Johr (Hg.)
**BeFreier und
Befreite**
Krieg, Verge-
waltigung, Kinder
Band 12644

Penelope Shuttle/
Peter Redgrove
**Die weise Wunde
Menstruation**
Band 3728

Ingrid Strobl
**»Sag nie, du gehst
den letzten Weg«**
Frauen im
bewaffneten Wider-
stand gegen den
Faschismus
Band 4752

Gerda Szepansky
**»Blitzmädel«,
»Heldenmutter«,
»Kriegerwitwe«**
Frauenleben im
Zweiten Weltkrieg
Band 3700
**Frauen leisten
Widerstand:
1933 - 1945**
Band 3741
**Die stille
Emanzipation**
Frauen in der DDR
Band 12075

Jutta Szostak/
Suleman Taufiq
**Der wahre
Schleier ist
das Schweigen**
Arabische
Autorinnen melden
sich zu Wort
Band 12422

Mariana Valverde
**Sex, Macht
und Lust**
Band 12223

Florence Weiss
**Die dreisten
Frauen**
Eine Begegnung in
Papua-Neuguinea
Band 12831

Jule Wolf
**Tochterfrau,
nannte er mich**
Geschichte eines
Mißbrauchs
Band 11868

Fischer Taschenbuch Verlag

fi 14 / 4 d

Die Frau in der Gesellschaft

Mechtild Cordes
**Die ungelöste
Frauenfrage**
Eine Einführung in
die feministische
Theorie
Band 12134

Carla Corso/
Sandra Landi
**Porträt in
grellen Farben**
Leben und
Ansichten einer
politischen Hure
Band 11385

Colette Dowling
**Der Cinderella-
Komplex**
Band 3068
Perfekte Frauen
Band 11190

Uta Enders-
Dragässer/
Claudia Fuchs (Hg.)
**Frauensache
Schule**
Band 4733

M. Grabrucker
**»Typisch
Mädchen...«**
Band 3770
**Vater Staat
hat keine
Muttersprache**
Band 11677
**Vom Abenteuer
der Geburt**
Band 4746

Michaela Huber
**Multiple
Persönlichkeiten**
Überlebende
extremer Gewalt
Ein Handbuch
Band 12160

Michaela Huber/
Inge Rehling
**Dein ist mein
halbes Herz**
Band 4727

H. Patricia Hynes
Als es Frühling war
Von Rachel Carson
zur feministischen
Ökologie
Band 11024

Nicole Kramer/
Birgit Menzel/
Birgit Möller/
A. Standhartinger
**Sei wie das Veilchen
im Moose...**
Band 11946

Katja Leyrer
**Hilfe! Mein Sohn
wird ein Macker**
Band 10872

Fischer Taschenbuch Verlag

Die Frau in der Gesellschaft

Nicky Marone
**Erlernte Hilflosig-
keit überwinden**
Band 11590

Sigrid Müller/
Claudia Fuchs
**Handbuch zur
nichtsexistischen
Sprachverwendung
in öffentlichen
Texten**
Band 11944

R. Sadrozinski (Hg.)
Grenzverletzungen
Sexuelle Belästigung
im Arbeitsalltag
Band 11521

Ursula Scheu
**Wir werden nicht
als Mädchen ge-
boren – wir werden
dazu gemacht**
Band 1857

Alice Schwarzer
**Der »kleine« Unter-
schied und seine
großen Folgen**
Band 1805
Von Liebe + Haß
Band 11583
Warum gerade sie?
Band 10838

A. Schwarzer (Hg.)
**Krieg – Was Män-
nerwahn anrichtet
und wie Frauen
Widerstand leisten**
Band 11135

B. Sichtermann/
Marie Sichtermann/
Brigitte Siegel
**Den Laden
schmeißen**
Ein Handbuch
für Frauen, die
sich selbständig
machen wollen
Band 12277

Monique R. Siegel
**Weibliche
Führungskunst**
Band 11117

Ruth Simsa (Hg.)
Kein Herr im Haus
Band 12079

Senta Trömel-Plötz
**Frauensprache -
Sprache der
Veränderung**
Band 3725

S. Trömel-Plötz(Hg.)
**Gewalt
durch Sprache**
Band 3745

Hedi Wyss
**Das rosarote
Mädchenbuch**
Band 1763

Fischer Taschenbuch Verlag

Die Frau in der Gesellschaft

Sigrid Arnade
**Weder Küsse
noch Karriere**
Erfahrungen be-
hinderter Frauen
Band 10624

K. Bareiter
**Depression –
Rückzug aus
dem Leben**
Band 10571

Marion Beckerle
**Depression:
Leben mit
dem Gesicht
zur Wand**
Band 4726

Dagmar Bielstein
**Von verückten
Frauen**
Band 10261

D. Cameron/
Elizabeth Frazer
Lust am Töten
Eine feministische
Analyse von
Sexualmorden
Band 11136

Dietrich Gronau/
Anita Jagota
**Ich bin Stadt-
streicherin**
Über das
Leben obdach-
loser Frauen
Band 11277
**Über alle
Grenzen
verliebt**
Beziehungen
zwischen deut-
schen Frauen
und Ausländern
Band 10148

Ulrike Helwerth/
Gislinde Schwarz
**Von Muttis
und Emanzen**
Feministinnen
in Ost- und
Westdeutschland
Band 12595

Judith Jannberg
Ich bin ich
Band 3735
**Leben lieben -
Liebe leben**
Band 11386

Marie Lammers
**Lebenswege in
Ost- und West-
deutschland**
Frauen aus einer
Stettiner Schul-
klasse erzählen
Band 13065

Fischer Taschenbuch Verlag

Die Frau in der Gesellschaft

Maja Langsdorff
**Kleiner Eingriff –
großes Trauma?**
Schwanger-
schaftskonflikte,
Abtreibung und die
seelischen Folgen
Band 12839

E. Moltmann-
Wendel (Hg.)
**Frau und Religion:
Gotteserfahrungen
im Patriarchat**
Band 3738

Kristel Neidhart
**Er ist jünger –
na und?**
Protokolle
Band 4741

Herausgegeben von
K. Oguntoye/
M. Opitz/
D. Schultz
Farbe bekennen
Band 11023

Claudia Pinl
**Vom kleinen zum
großen Unterschied**
Band 12320

Susi Piroué
**Vom Vergnügen,
mit sich selbst
zu reisen**
Band 10632

Lydia Potts (Hg.)
**Aufbruch
und Abenteuer**
Frauen –
Reisen um die Welt
ab 1785
Band 12317

Sabine Rohlfs
Frauen und Krebs
Band 11792

K. Rohnstock (Hg.)
Stiefschwestern
Was Ost-Frauen
und West-Frauen
voneinander denken
Band 12221

Birgit Sasse
**Ganz normale
Mütter**
Lesbische Frauen
und ihre Kinder
Band 12417

Eva Schindele
Pfusch an der Frau
Krankmachende
Normen – Überflüs-
sige Operationen –
Lukrative Geschäfte
Band 12679

Ursel Sieber/
Sabine Stamer
Rabenmütter?
Von Frauen, die ihr
Kind weggeben
Band 12415

Celeste West
Lesben-Knigge
Band 10614

Dorit Zinn
**Mein Sohn liebt
Männer.** Band 11260

Fischer Taschenbuch Verlag

Die Frau in der Gesellschaft

Maya Angelou
**Ich weiß, daß
der gefangene
Vogel singt**
Band 4742

Mariama Bâ
**Der scharlach-
rote Gesang**
Roman
Band 3746

Anna Banti
Artemisia
Roman
Band 12048

Janina David
**Leben aus
zweiter Hand**
Roman
Band 4744

M. Rosine De Dijn
Die Unfähigkeit
Band 3797

Ursula Eisenberg
Mauerpfeffer
Roman
Band 12638

Oriana Fallaci
**Brief an ein nie
geborenes Kind**
Band 3706

Maria Frisé
**Wie du und
ganz anders**
Mutter-Tochter-
Geschichten
Band 11826

M. Gabriele Göbel
**Amanda oder
Der Hunger
nach Verwandlung**
Erzählungen
Band 3760
**Labyrinth der
unerhörten Liebe**
Roman
Band 12937

A.-M. Grisebach
**Eine Frau
Jahrgang 13**
Roman einer
unfreiwilligen
Emanzipation
Band 10468
**Eine Frau
im Westen**
Roman eines
Neuanfangs
Band 10467

Bessie Head
**Die Farbe
der Macht**
Roman
Band 11679

Helga Häsing/
Ingeborg Mues (Hg.)
Vater und ich
Eine Anthologie
Band 11080

Fischer Taschenbuch Verlag

fi 20 / 29 a

Die Frau in der Gesellschaft

Fischer Taschenbuch Verlag

fi 20 / 31 b

Die Frau in der Gesellschaft

Fischer Taschenbuch Verlag